U0958846

中国社会工作学刊

中国社会工作学会 编
王思斌 主编

第二辑

中国社会出版社
国家一级出版社·全国百佳图书出版单位

图书在版编目（CIP）数据

中国社会工作学刊．第二辑／王思斌主编；中国社会工作学会编．—北京：中国社会出版社，2020.11

ISBN 978-7-5087-6421-4

Ⅰ．①中…　Ⅱ．①王…②中…　Ⅲ．①社会工作—中国—丛刊　Ⅳ．①D632-55

中国版本图书馆CIP数据核字（2020）第194509号

书　　名：中国社会工作学刊（第二辑）

编　　者：中国社会工作学会

主　　编：王思斌

出 版 人：浦善新

终 审 人：李　浩

责任编辑：张　杰　杨　晖

出版发行：中国社会出版社　**邮政编码：**100032

通联方式：北京市西城区二龙路甲33号

电　　话：（010）58124853　58124815

网　　址：www.shcbs.com.cn

shcbs.mca.gov.cn

经　　销：各地新华书店

社工图书专营店

印刷装订：中国电影出版社印刷厂

开　　本：170mm×240mm　1/16

印　　张：13.5

字　　数：210千字

版　　次：2020年12月第1版

印　　次：2020年12月第1次印刷

定　　价：48.00元

中国社会出版社微信公众号

《中国社会工作学刊》编委会

目录
CONTENTS

[新冠肺炎疫情与社会工作]

中国社会工作学刊　第二辑
第 1~18 页

从“助人自助”到“自助助人”的伦理逻辑*

顾东辉**

【摘要】 助有受助、自助、施助等形式。在助人自助中，助有协助和帮助之别，人指困难群体及其基本需求不足，自助即帮助自己。助人自助有多元价值，隐含“只需助到自助”的意境。

助人自助是对服务对象的外来帮助，是社会工作的重要特性。社会工作与本土助人行动以利他主义等为伦理，并合成他助系统的社会场域利他行为。他助系统还包括国家场域利他行为和市场场域利他行为，前者以社会政策为主要形式，出于强化政治权力等动机；后者以企业为施助主体，旨在体现社会责任。三类利他行为相对独立，交叉互补。

助人自助—自助助人有双向行动逻辑，既要促进服务溢出，激发“受助—自助—助人”的递进助人行为；又要强化常态防治，践行“民众自助为首—普通帮助为辅—专业协助托底”的自助先导行动。无论是由社会工作到社会的专业行动逻辑，还是由社会到社会工作的常态行为逻辑，基于善念，积极自助都是行动起点。

关键词： 助人　自助　助人自助　自助助人

---

* 2019 年度国家社会科学重大项目“中国特色社会工作制度体系研究”的成果，项目批准号 19ZDA144。

** 顾东辉，复旦大学社会发展与公共政策学院（社会工作学系）教授、博士生导师、社会福利博士，上海市阳光社区青少年事务中心理事长，上海复惠社会工作事务中心理事长，中国社会工作教育协会副会长，中国社会工作学会副会长，教育部高等学校社会学类专业教学指导委员会副主任，国务院学位委员会/教育部/人力资源社会保障部全国 MSW 研究生教育指导委员会副主任。主要研究方向：宏观社会工作、社会工作本土导向、社会政策等研究。

助人自助是专业社会工作的基础特性，自助助人是一般助人活动的应有导向。伦理或者说明人与人、社会、国家和自然之间关系和行为的秩序规范，涉及道德、责任和义务；或者说明指导某些行为的具体规则，指出好坏。逻辑广义上指规律，包括思维规律和客观规律，有形式逻辑和辩证逻辑两种。

社会工作处在外在场境中（social work in environment）①，对专业本身的伦理责任和对社会全体的伦理责任都是社会工作伦理的组成部分②。助人自助和自助助人或多或少与此两部分伦理责任有关，也都十分重要。既然如此，助人自助和自助助人的基本内涵如何？从助人自助到自助助人的行为规则或伦理逻辑怎样？这些都是社会工作业界应该弄清的重要议题。

一、助：助人、自助及其组合的最小公约词

助是“处于社会工作核心地位的求-助关系”的重要部分③，是助人、自助、助人自助与自助助人的根词或最小公约词。

在不同语境中，助有相应的内涵，并与个体在行动中所处的区位有关。在个体作为受助对象时，助有他助与自助两种形式。他助是指其他主体提供的帮助或协助，也可称受助；自助即个体对自己的帮助。在此情况下，将助视为名词较合适。在个体作为施助主体时，助可以是助己（也可称自助），可以是助人（也视为利他）。在此情景中，将助视为动词较妥当。可见，对于助的理解，不宜简而论之，要考虑具体语境。

实际而言，自助（或助己）极其关键。首先，自助是他助（或受助）与助人（或利他）的充分条件而非充要条件，“自助者多助”“自助者助人”的说法就说明了自助的重要性，但自助者未必一定得到帮助。其次，自助承上启下，是受助与施助的中间环节。从受助到自助的过程中，个体

① 此说启发于“人在场境”（person in environment）概念。既然有“人在场境”，自然有“事在场境”和“物在场境”，从而也可以有“社工在场境”或“社会工作处在外在场境中”之说。

② 陈树强．社会工作的哲学基础、价值观和专业伦理［M］//顾东辉．社会工作概论．上海：复旦大学出版社，2008.

③ 王思斌．中国社会的求-助关系——制度与文化的视角［J］．社会学研究，2001（4）．

是接受帮助的对象；从自助到施助的行动中，个体是提供帮助的主体，主要居于主动地位。最后，将“受助到自助”“自助到施助”两类行动进行联结，可以推演出“受助（他助）—自助（助己）—施助（助人、利他）”的行动逻辑。这种行动逻辑可以视为“向善伦理”的现实体现。

二、助人自助：解字说文

助人自助是社会工作的核心概念之一。社会工作的助人自助是一种专业助人行为，也是一种高阶道德行动，因为助人行动可以发源于多类动机。一是助人而自助，“助人者，自助也”。此类助人行动旨在获得显性或隐性的回报，“授人玫瑰，手有余香”“积阴德，子孙发达”“吃小亏，占大便宜”等说法就体现了此意境。当然，如果很多人都旨在助人而自助，社会和谐和民众幸福也会得到提升。二是助人而无图。此类助人行动的道德境界高于前者，尽管会有“助人者天助”的潜在正功能，但是助人者并不存在期望回报的主观动机。三是助而人自助。此类助人行动旨在使能，使受助者能自己帮助自己。社会工作的利他行动就属于此类助人。可见，助人而自助、助人而无图、助而人自助不但体现了不同助人行动的特性，而且展示了由低到高的助人道德阶梯，同时反映了一般助人行为与专业助人行动的差异。

在社会工作中，助人自助属于“助而人自助”，精准而言，应该称为助“人自助”，指社会工作者使能服务对象，使其能自己帮助自己疏解问题和满足需求。从受助者视角看，助人自助属于源于社会工作者的他助行动，体现了“受助—自助—施助”过程的前半段行动；其中，社会工作者是施助者，服务对象是受助者，使受助者实现自助是目标。

鉴于助人自助在社会工作中的特殊地位，本部分首先对该名词进行分词解读，然后对助人自助之为何和何为作出说明。

1. 助人自助之助：前助与后助

助人自助包含两个助字，分别是助人之助（可称前助）和自助之助（可称后助），两者有不同的内涵。

助人之助，属于动词，指协助、扶助、辅助。关于此助，至少有如下两点必须认清：一是协助、扶助或辅助，表明社会工作者只是协助服务对象增能，体现辅助角色，服务对象应该具有主人意识，领受主体责任，承担主要任务，发挥主导功能。二是协助不表示社会工作者在每个时点都处于辅助角色，因为他可以在特定情境中发挥主导作用。从而，社会工作者的协助表现为整体协助而非全面协助①。

自助之助，可以主要视为名词，指源于服务对象自身的帮助；也可以视为动词，指服务对象帮助自己。无论将此助视为名词还是动词，其动机和力度总体上强于社会工作者的协助或辅助。因此，在助人自助中，社会工作者助人在前，服务对象自助在后；前助为辅，后助为主。

2. 助人自助之人：何人与人何

（1）助人自助的对象是什么人（即何人），这是社会工作应该明确的重要事项。

其一，服务对象可以是个体人，体现于个案社会工作；也可以是组织化或非组织化的群体人，呼应于小组社会工作、社区（社群）社会工作、社会工作行政管理和社会政策。

其二，个体人和群体人并非都是社会工作的服务对象。人在场境中平衡是社会工作的基础目标。参照该框架，从普通人到社会工作服务对象经历几个阶段。第一阶段，人境失衡。人面对此境可以有三种做法：一是基于自身资源而自我恢复（所谓自助）；二是无法自我脱困（所谓无助），但不愿、不会和不去求助；三是无助但求助。第二阶段，无助者向社会工作机构求助后，成为可能的服务对象。第三阶段，专业人员对求助者进行需求评测，并基于专业能力、资源与求助者需求的匹配度，转介无力协助的求助者，接受可以协助的求助者。第四阶段，部分求助者成为服务对象。整合上述信息，可以有“人境失衡—面临困境—无助—求助—专业资源匹配—成为服务对象”的演进逻辑。当然，社会工作者通过外展行动发现无

① 此说启发于小康社会之“整体小康”和“全面小康”两分法。“整体小康”指我国国民人均 GDP 在预设时点达标，2000 年已实现；“全面小康”指各项小康指标均达标，2020 年将实现。参照如此分类，在助人自助中，协助也可以是整体概念而非全面概念；类而推之，社会工作中一些其他概念（如主辅关系）也可有如此理解。

助者后，其程序就相对简短。因此，社会工作者只是服务少数人。

其三，弱势人士是助人自助乃至社会工作的核心对象。社会工作作为专业助人系统，理论上可以协助所有人，但实际上并非如此。在人面临困境时，强势人士和普通人士有自身资源、非正式支持资源、市场资源和国家资源中的部分或全部，而且这些资源可以相互补充支撑，从而使他们相对容易疏解困境。弱势人士则不然，他们或者不拥有上述资源，或者即使拥有也不足以应对困境，因此，“弱势人士始终是社会工作的最初对象和核心对象”①。进而言之，弱势人士只有求助或被发现而且专业资源匹配其所求时，才真正成为社会工作的服务对象。

（2）助人之助乃至社会工作关注人的哪些基本需要（即人何），这也是社会工作应该弄清的关键问题。

第一，业内专家对人类需要有不少界定②，这些需要可分为基本需要和发展需要两类。其中，基本需要是一种维持需要，涉及基础的物质生活，并在不同地区和时代因“当时当地”情况而有所区别。

第二，基本需要不足可能缘于个人因素，也可能缘于外在因素，还可能缘于两者。社会达尔文主义、社会结构论和人环两因论分别对此进行了说明③。根据福利多元主义的观点④，个人与家庭、社群与社会组织、政府、企业应该根据基本需要不足原因及不同主体责任，提供多元帮助，其中个体自助是应该遵守的重要法则。

第三，根据上述分析，在民众基本需求不足时，社会工作者只是基于专业责任提供合适协助，而非承担全部责任。多元主体责任分担之说，使得社会工作者只进行协助有了更充分理由。在此语境下，“有困难找社工”

---

① 顾东辉．社会工作的定义和架构［M］//顾东辉．社会工作概论．上海：复旦大学出版社，2005.

② Doyal, L. & Gough, I. *A Theory of Human Needs*. London: Macmillan. Erikson, E. H. 1959. “Identity and the life cycle”. In *Psychological Issues*. *Vol*. 1（1）. Maslow, A. H. 1954. *Motivation and Personality*. NY: Harper, 1991.

③ 顾东辉．人类需要和贫穷［M］//顾东辉．社会工作概论．上海：复旦大学出版社，2005.

④ 彭华民，黄叶青．福利多元主义：福利提供从国家到多元部门的转型［J］．南开学报（社会科学版），2006（6）.

"有困难找政府"等"助者全责"之说就显得很不合理。

第四，服务对象得到协助后满足了基本需要，是社会工作者结束行动的重要信号。在社会工作中，服务对象实现自助，基本需要可以得以满足，人境平衡就可以恢复。因此，助人自助一方面是协助服务对象"能"自己帮助自己，另一方面是协助其"到"自助状态即可。从而，"要给予弱势群体无微不至的关怀""志愿活动要越来越多""城市要越来越有温度"等说法就显得不尽合理，应该予以修正。

3. 助人自助之自助：何谓与为何

（1）何谓：自助就是自己帮助自己。其中，自己既是施助主体又是受助对象，自助隐含了相信自己的价值、潜能、可变等与社会工作相通的价值伦理，自助旨在满足自己的基本需要（维持需要）和发展需要，自助可以采取完全依靠自己和整合多方资源等方法。自助是从受助到施助的中间环节，极其关键。

（2）为何：自助有其多方面缘由。对此，笔者在 2007 年发表的《"助"+"人自助"的社会工作解读》论文中作过说明。简而言之，自助是在某种场境下是否行动和如何行动，其原因归于如下方面：其一，自助是个人的重要权利，从而有政治意境。其二，自助可以提高困境应对的针对性，有利于提高行动效果和质量，从而有经济效益。其三，自助是个人应有的首要责任，所谓"一屋不扫何以扫天下"，它是评价是否善良的首要指标，也是取得成功、获得幸福和体现价值的重要前提，从而有社会功能。其四，自助使个人有尊严和面子，获得尊重，倡导利他氛围，从而有文化功能。因此，自助是个人生活美好的基础，是民众差序利他的原点，也是国家健康发展的前提。

三、助人自助：为何与何为

前述对助人自助的解字分析，有助于从整体上更好地把握助人自助。当然，要深入领悟其本质，还应该弄清助人自助的为何与何为两个问题。

1. 为何助人

说清为何要助人，可以使社会工作更加师出有名，也更为理直气壮。

参照社会工作的人境关系与专业使命，助人至少有以下三方面原因。

（1）助人对个人生活有其重要意义。第一，物质层面。个人方面的不能、不为、无参与和不守规等因素，场境方面的天灾人祸、经济危机、政治动荡、社会歧视等缘由，都会导致基本需要不足乃至贫穷[①]。针对个人尤其弱者的帮助因此就极其必要。第二，权利层面。人无论贫富都有天赋的价值和尊严[②]，获得外来帮助是人的基本权利。第三，伦理层面。个人除对自己负责也要想到他人，社会必须提供机会、资源和服务从而让个人充实精神物质生活并免以饥寒、病苦、失学或受歧视[③]。可见，不论是从应对贫穷的现实需求、个人幸福的基本权利看，还是从体现人性的社会伦理看，每个人都值得帮助，助人进而互助也就成为人类文明的重要部分。

（2）助人作为社会工作的基本特性，对宏观系统也有积极功能[④]。从经济维度审视，助人可以成为对受助者的人力投资，从而具有生产功能；可以消耗物质产品，从而体现消费功能；可以避免问题恶化所需的更大成本，从而成本效益较好。从政治维度审视，助人可以协助受助者释放负能量和吸收正能量，从而有利于人际和谐和国家稳定。从社会维度审视，助人可以协助受助者疏解问题，恢复人境平衡，从而有利于其恢复正常的角色功能。从文化维度审视，助人可以关怀和助力他人，尤其使贫弱人士感受温暖，修正精致利己的不良取向，助力不同主体的互助交融，从而体现人文情怀。

（3）助人也是社会工作者的专业使命。社会工作是秉持利他主义理念的专业助人行动，协助服务对象疏解问题和满足需求是其基础目标。在社会工作伦理中，社会工作者行为举止得当，以及承担对服务对象、同事、

---

① 顾东辉．人类需要和贫穷［M］//顾东辉．社会工作概论．上海：复旦大学出版社，2005.

② Morales，A.，Sheafor，B. W. *Social Work：A Profession of Many Faces*. Boston：Allyn and Bacon，2004.

③ Morales，A.，Sheafor，B. W. *Social Work：A Profession of Many Faces*. Boston：Allyn and Bacon. Skidmore，R. A.，Thackeray，M. G. and Farley，W. O. 1997. *Introduction to Social Work*（*7th ed*）. Boston：Allyn & Bacon，2004.

④ 顾东辉．社区治理中民众参与的本土逻辑［M］//顾东辉．社会工作评论（第1期）．上海：复旦大学出版社，2017.

机构、专业和社会的道德责任，都以助人进而助人自助为基础。因此，助人是社会工作的行动始点和逻辑起点。

2. 为何“助到自助”

助人确实重要且必要。但是，无论是日常生活、一般助人活动还是专业助人行动，都面临助人到什么程度的议题。笔者认为，“助到自助”是助人自助乃至社会工作的重要标志。

（1）“助到自助”，表明服务对象已可以主要依托自身疏解困境，预设目标可以达成。当然，“助到自助”并不表明服务对象刚可自助时社会工作者就停止协助。自助与人境平衡一样，并非时点概念而是时期或状态概念。在服务对象可以自助后，服务双方应该继续其伙伴关系，直至完成所有契约任务。

（2）“助到自助”还有“只需助到自助”的含义。第一，服务对象实现自助，表明其无助状态已可改善，服务契约也能完成。超出契约的其他事务，并非社会工作者的必需责任。因此，“只需助到自助”有法理依据。第二，“只需助到自助”体现了适度利他理念，有利于激发服务对象的更多潜能以满足自身更多需要。上述观点与社会福利“适度普惠”理念完全一致①。事实上，如果服务对象在自助后继续获得帮助，不一定带来积极效果。“福利养懒人”现象的存在恰恰说明“只需助到自助”的合理性。第三，“只需助到自助”可以实现较好的成本效益。于服务对象而言，在其恢复自助后继续获得帮助，必然出现边际效用递减现象。在服务对象主要依托自己疏解问题后，社会工作者可以将服务资源用于其他人士，从而增加社会的整体幸福容量。第四，“只需助到自助”符合“恰到好处”的人际规则，体现“止于至善”的传统文化，有助于修正“有困难找政府、有困难找社工、进行无微不至关怀”等价值偏误。可见，“只需助到自助”有深刻专业意境和特殊社会价值，服务对象进入自助阶段也应该成为社会工作走向结案的重要标志。

---

① 王思斌．我国适度普惠型社会福利制度的建构［J］．北京大学学报（哲学社会科学版），2009（3）．

彭华民．中国组合式普惠型社会福利制度的构建［J］．学术月刊，2011（10）．

3. 如何助人自助

助人自助之何为，其实是要说明如何开展社会工作。尽管对于社会工作众说纷纭，但是，把握其基本方法和一般过程，应该可以纲举目张，更好地开展实践工作。

在社会工作实务中，要全面运用助人自助的技术。首先，个案社会工作和小组社会工作属于临床社会工作，以助人自助为主，主要协助服务对象改善问题；社区社会工作、社会工作行政与社会政策归于宏观社会工作，以促境美好为主，协助服务对象改善为辅。其次，无论是以人群而分的社会工作实务、以问题而分的社会工作实务，还是以场域而分的社会工作实务，均离不开五种方法中的某些技术。最后，社会工作实务均具有任务目标与过程目标融合、助人自助与促境美好兼顾的特性①；都要以困难群体为核心对象，协助服务对象增能和恢复自助能力，改善其需求不足状况，从而实现工作目标。

在社会工作过程中，要融入助人自助的智慧。社会工作一般过程由需求评估、方案制订、计划推行和评估总结四个阶段组成②。在需求评估中要科学描述问题并分析原因，在方案制订中要合理设立工作目标并明确具体细节，在计划推行中要积极推进预设工作并进行动态评价修正，在评估总结中要综合判断目标达成情况和工作得失。在上述每个阶段中，社会工作者都要把握自身和服务对象、人和议题、助人自助和促境美好等细节，与服务对象建立动态的主辅伙伴关系，并在总体上体现扶助和辅助的角色。

四、助人自助所在的他助系统：助人特性与互补逻辑

助人自助是对服务对象的外来帮助，即他助。他助不仅包括社会场域的助人自助（包括社会工作），而且需要国家场域主体和市场场域主体发挥功能。他助系统中社会、国家与市场应该各自体现助人利他特色，联动

---

① 顾东辉．本来与未来：社会工作中国体系及其建设策略［J］．中国社会工作，2019（5）．

② 顾东辉．社会工作始于“接案”还是“问题界定”［J］．中国社会导刊社会工作专刊，2008（1）．

提供互补式帮助。

1. 社会场域的助人行为

社会工作属于社会场域的助人行动，前文对助人自助的分析也主要围绕社会工作展开。社会工作发源于欧美，1917 年成为专业，其内涵、要素、过程等方面均比较清楚，在此不再赘述。

在中国的社会场域，除了（外来）社会工作，本土助人行动也有其理念和实践。首先，儒家提出："人不独亲其亲，不独子其子，使老有所终，壮有所用，幼有所长，鳏寡孤独废疾者皆有所养。"党的十九大报告中提出："幼有所育、学有所教、劳有所得、病有所医、老有所养、住有所居、弱有所扶。"这些都体现了利他、慈善和福利的理念。其次，中国社会场域的助人实践有熟人支持、慈善公益、志愿服务、民事调解等形式。熟人支持来自家人、亲友和其他相识者，遵照差序格局由内而外、由近及远展开，并因困境特性和人际联系强弱而有所区别。慈善活动以人为对象，主要关注困难群体，旨在舒缓其困境。公益活动和志愿服务覆盖对象较广，可以舒缓弱势人士的困境，满足民众的需求，促进人群、组织和场境等方面的发展。民事调解针对不同主体之间的矛盾，通过咨询、沟通等协助各方疏解问题。这些方法在某些主体自助不足时都在一定程度上发挥了协助功能。

利他主义和社会对个人的责任是社会场域助人利他行为的内含伦理。个人与他人相互依赖、个人对他人负有责任、个人应该受到社会关怀、社会应该使个人潜质得以充分发挥、社会有责任提供机会以让每个人克服困难和达成自我实现，这些外来社会工作的价值观其实也是本土助人实践的行动指引。

外来社会工作与本土助人实践具有相近的社会伦理，是平等共存的行动系统，两者基于对立制约、依存互根、消长平衡和相互转化的阴阳之道①，疏解民众问题，满足人民需求，促进社会公正。

2. 国家场域的助人行为

国家场域的助人行为由政府提供。其一，社会政策是其主要形式。政

---

① 顾东辉．论社会工作的阴阳之道［J］．西北师范大学学报，2017（4）．

府通过社会政策提供医疗健康、住宅、社会保障、就业、家庭等方面的福利服务。其中，社会保障政策最基本且重要，并通过社会保险、社会津贴、社会救助等具体落实。社会保险是人民缴纳社会保险费以防因老年或退休、疾病、职业灾害、失业、鳏寡等发生而导致的经济不安全；社会津贴以政府税收为财源，提供均等现金给人民，家庭津贴、老人津贴、身心障碍者津贴是常见类型；社会救助以政府税收为财源，其领取资格是需经过资产调查的低收入者①。除了社会政策，政府也可以直接提供帮助，如政府福利机构就可以作为工作载体。其二，行政管理是其落实载体。福利行政部门将政策或法规进行转化，完成制度设计、经费拨补、监督管理、行政协调等公共事务，推进相应福利措施，从而解决、处理和预防社会问题。

在中国，国家场域的助人行为除社会政策之外，还辅以其他工作方法。其一，大规模人群服务是特别重要的工作内容。如，卫健委和民政部的老人服务、妇联的妇女儿童工作、共青团的青少年工作、扶贫办的精准扶贫工作。其二，思想政治工作是疏解个体人和群体人困境（尤其思想问题）的常用手法，体制内主体对此均有责任。其三，群众路线是功能强大的助人行动。群众路线融会助力行动的主体、对象、目标、伦理和方法，“一切为了群众，一切依靠群众，从群众中来，到群众中去，把党的正确主张变为群众的自觉行动”（参见《中国共产党章程》），很好地体现了中国特色。

国家场域的助人行为有其内生动机。其一，保障民众权利。联合国的《世界人权宣言》和《经济、社会和文化权利国际公约》都指出人有社会权利，社会保障、家庭津贴、低收入群体救助等是其重要部分。这些显然是政府必须遵从的规则指引。其二，促进社会公平。公平是权力和利益在社会成员之间的合理配置。宏观层面的基本制度、中观层面的运行制度和微观层面的具体制度都有利于改善民众需要不足，补偿民众受损权利或负福利（diswelfare），促进公平正义。其三，强化政治权力。社会政策尤其

① 王永慈．社会政策［M］//顾东辉．社会工作概论．上海：复旦大学出版社，2008.

是福利政策有利于政府得到民众的支持，防止利益团体的抵制，减少特殊群体的对抗，柔化原有做法的后果，协助人民有更多的获得感，促进国家稳定。其四，提升经济效益。社会政策尤其福利政策有利于群体分担个体风险，降低社会问题成本，发挥政策的生产功能（如就业促进）和消费功能（如实物项目）。因此，国家场域的助人行动有其合理性和必然性。

3. 市场场域的助人行为

市场场域的助人行为的施助主体是企业。企业与民众、社会组织、政府一样，也会对需求不足者提供某种协助或帮助。从对象看，此类行为可以针对企业内外人员、群体化和个体化民众、日常事项和突发事件。如，培养员工的社会责任意识、支持农村的留守儿童教育、捐助遭遇火灾的家庭。从目标看，此类行为可以针对问题后果提供治疗性协助，如为残障人士提供康复设备；也可以针对问题原因提供预防性协助，如资助亲子项目以协助父母适应角色。从方法看，可以涉及实务、行政和政策，前者如支持城市外来人员融合项目，中者如组织员工志愿活动，后者如倡导行业协会出台企业社会责任激励办法。

市场场域的助人行为主要出于企业的社会责任。事实上，企业并不永远基于等价交换原则来满足民众需求，也会基于社会角色而承担相应责任。原因之一是企业应该对利益相关者负责以维护双方和谐关系，其间接利益相关者就涉及社区、社会团体、公众等主体；原因之二是企业应该体现商业伦理，对内实现人性化管理，对外兼顾经济目标和社会目标；原因之三是企业也是公民，应该具有良好的道德价值、对人的责任、对环境的责任、对社会发展的贡献①。

4. 社会、国家与市场的交互融合

社会、国家和市场作为他助系统的三大部分，其助人行为平等共存，相对独立，又有所交叉，并以应对个体人或群体人的需求不足为共同目标。

---

① 弗里曼．战略管理：利益相关者方法［M］．王彦华，等，译．上海：上海译文出版社，2006.

哈特曼，德斯贾丁斯，麦克唐纳德．企业伦理学［M］．苏勇，等，译．北京：机械工业出版社，2015.

三类助人行为可以交叉融合，因为社会、国家与市场及其组织也是可以交叉的。政府背景下的慈善组织兼容了社会与国家的特性（如中华慈善总会），国有企业兼顾了国家与市场的特点，社会企业融合了社会与市场的特色。因而，此三类组织开展的助人行动自然体现了融合利他的特性。

三类助人行为具有互补特性：一方面，受助者目标达成可以依托某一类或多类助人行为，某类助人行为不足以解决问题时就需其他助人行为补充；另一方面，如果某些助人行为已可协助受助者疏解困境，那么就不再需要其他助人行为。因此，不同助人行为殊途同归，进行互补式解题。

中国正处于特殊的历史方位和社群区位，纵向上正在三重转型，横向上受到当今主流价值、传统文化特性和外来文化思潮的复合影响。政府具有权威主导地位，深受人民群众信任，拥有最多、最强的资源，具有丰富解困经验，因此，在社会工作乃至他助系统中具有特殊作用①。

五、自助助人：双重逻辑与差序利他

协助或帮助个人疏解问题和满足需要，是他助系统的主流追求。如果在此过程中受助者实现自助，助人利他行动显然进入了更高层面。社会工作开展助人自助，协助服务对象完成了“受助（他助）—自助（助己）”的转变，但不能止步于助人自助，还应该激发受助者在自助后助人，并实现“自助（助己）—施助（助人）”的转变。

从助人自助延伸到自助助人，隐含了“受助—自助—施助”的向善伦理，彰显了“社工在场境”的整体理念，体现了社会工作者对社会全体的伦理责任。

1. 助人自助—自助助人的双重逻辑

诚如本文开篇所言，助人自助是专业社会工作的基础特性，自助助人是一般助人活动的应有导向。无论从专业自身而言，还是从社会全体而论，从助人自助到自助助人都有逻辑合理性。

从助人自助到自助助人，符合社会工作的专业伦理。社会工作者不但

① 顾东辉．本来与未来：社会工作中国体系及其建设策略［J］．中国社会工作，2019（5）．

要融合任务目标和过程目标，协助服务对象在解决问题中实现增能，而且要协助服务对象将所得积极经验延展到日常生活。细而言之，其需延展的所得经验涉及自助、助人、助人自助、助人自助和促境美好兼顾等层面。

在第一层次上，服务对象应该基于自助或社会工作者协助，将习得的如何实现自助的经验延展到日常生活，从而更好应对未来困境和满足自身需求。这是社会工作的最低要求，服务对象此方面的表现其实也反映了社会工作的效果。

在第二层次上，服务对象应该将习得的助人理念和技术延展到日常生活，帮助他人更好地应对困境，从而促进社会全体的幸福。

在第三层次和第四层次上，服务对象应该将习得的如何助人自助、如何兼顾助人自助和促境美好的社会工作专业经验延展到日常生活，协助他人增能，优化社会环境，从而发挥服务参与的更大滚动效应。

上述四个层次中，第一层次是底线，第二层次属于扩展效应，第三和第四层次属于专业策略且难度较大。第一层次是所有服务对象必须达成的，第二层次应该倡导所有服务对象参与，因此，服务对象的自助助人应该成为社会工作的后续效应。当然，如果受助者能主动开展上述行动，则体现了社会工作的更好效果。可见，社会工作者助人自助并激发服务对象（进而民众）的自助助人，既体现了对专业自身的伦理责任，也体现了对社会全体的伦理责任。

从助人自助到自助助人，除了体现社会工作逻辑外，也是应该倡导的一般伦理。关于自助与助人的何谓与为何，前文已有提及。在此基础上倡导自助助人，符合古今中外的正善大道，利于纠正当今常见的“做精致利己主义者”“给予无微不至关怀”“有困难找政府”“有困难找社工”等行为偏误，助力人民打造美好生活和提升获得感。因此，自助、助人、自助后助人完善了“受助—自助—助人”的纵向过程，体现了助人利他精神的横向传递，具有强力的正向复合效应。

2. 自助与助人的差序互补

从助人自助到自助助人，是进行两者的联结。鉴于前半段工作已在服务过程中完成，因此服务对象（进而民众）的自助及助人就成为联结的重点。

（1）要认识自助与他助的互补特性。民众在面临困境时，关注怎样解题重于关注如何解题，目标导向十分明显。自助行为与他助行为具有共同目标，在某种助人行为不足以解决问题时，可以吸纳其他助人行为或其组合。与此同时，任何自助行为或他助行为都是实现目标的途径之一，并非不可或缺，而可相互替代。因此，不同助人行为平等共存，殊途同归，互替互撑，互补解题。

（2）要进行由内而外的差序助人。无论基于传统文化还是外来经验，参照差序格局由己及人展开助人利他行为，都有其合理性。首先，要不忘初心，倡导与协助民众自助。细而言之，要强化自助意识，认清对自身、家庭、社群、组织乃至国家的责任，开展自立自强行动，并将自助的理念和行为融于日常生活。其次，要兼爱天下，倡导与协助民众助人。要强化利他意识，兼顾弱者优先和由内而外原则，协助和帮助他人，尽力而为，量力而行，止于至善。

（3）要兼顾专业助人与一般助人。社会工作的助人自助固然重要，但是只覆盖到服务对象。社会工作者要有“成功不必有我，功成必定有我”的心态，跨出社会工作边界，认识非专业助人利他行动对社会全体的重要性。其实，非专业的普通助人利他行为也相信民众的向善潜能和改善动机，也协助民众解决问题，也倡导自助、助人和自助助人，也旨在营造抑恶扬善的宏观环境和打造“制度性善行”①，从而与社会工作异曲同工并殊途同归。

3.“自助先于受助”的积极倡导

前文说明了助人自助进而社会工作的主要特性，描析了他助系统的基本内容，说明了自助助人的逻辑思路。其中，社会工作是他助的组成部分，他助和自助又是共生伙伴。对于助人自助与自助助人的关系，表 1 作了很好的总结。

---

① 顾东辉．生命价值、生命能量激发与制度保障：灾后社会工作的多元反思［J］．社会，2009（3）．

表 1　助人自助–自助助人的双向行动逻辑

市场系统	企业社会责任等			
国家系统	福利政策、社群服务、思政工作等			
社会系统	外来社会工作（助人自助等）	本土助人实践（慈善公益、志愿服务等）		

他助（受助）←——————→自助←——————→助人（利他）

其一，从社会工作视角审视，要开展“受助—自助—助人”的递进助人行动，从而促进服务溢出。根据表 1，（外来）社会工作首先融汇助人自助等策略，完成专业任务。其次，发挥延伸效应。在横向上，影响他助系统的其他助人行为；在纵向上，协助服务对象将习得经验用于日常生活，并激发其自助后助人，实现自助与助人的差序互补。因此，表 1 从左到右的内容体现了助人自助到自助助人的专业行动逻辑。

其二，从整体幸福视角审视，要倡导“民众自助为首—普通帮助为辅—专业协助托底”的自助先导行动（表 1 从右到左内容），从而强化常态防治。专业服务和其他助人行为属于他助系统，主要开展治疗性工作，覆盖少数民众。民众自助助人属于预防性行为，可以更广、更好地预防问题和满足需求。于社会全体而言，民众的自助进而助人不但是应该提倡的积极伦理，而且可降低社会治理成本和促进民众整体幸福，从而比社会工作的助人自助更加重要。因此，“自助为主在先、他助为辅在后”应该成为大力倡导的行动导向。

六、自助：助人自助和自助助人的行动起点

无论是助人自助还是自助助人都以自助为基础，或者说，民众和社会工作者都应该自助。于民众而言，只有自助，才可能满足需求和应对困

境，才可能助人利他，才可能获得更多帮助或协助。于社会工作者而言，自助是开展服务的前提，所谓自助者助人。可见，民众的自助和社会工作者的自助有不同使命，但又有一定联系，社会工作者的自助正是服务对象实现自助的必要条件。

社会工作者应该承担专业使命和社会责任。事实上，无论是推进“受助—自助—助人”的递进助人行动，还是倡导“民众自助为首—普通帮助为辅—专业协助托底”的自助先导行动，社会工作者都可以发挥积极作用，并与民众成为合作伙伴。

社会工作者和民众都应该领悟助人利他的积极理念。要内化当代主流价值，吸纳传统文化的精华，借鉴外来经验的养分，与人为善，平等对待其他主体，相信个人的求变动机和改善潜能，愿意积极助人，致力社会幸福，在协助人民实现美好生活过程中体现自身价值。

社会工作者和民众都应该锤炼助力利他的实践能力。要学习心理学、社会学、社会工作、政治学、经济学、管理学、法律等相关知识，融会贯通，学以致用；要积极参与，勤奋工作，勇对困难，敢担责任，乐于利他；要领悟助人利他行为的“简易、变易与不易”①，促进民众自助行为、一般助人活动与专业服务行动的联动互补。

综上所述，助人、自助、助人自助、自助助人各有含义，对于人境平衡、美好生活和社会公平都十分重要。

社会工作者必须助人自助，但不可止步于此，而应该拓展助人自助的成效，激发服务对象（进而民众）开展“受助—自助—助人”的递进助人行为。与此同时，民众应该相信自身的改善潜能，认识自助对社会整体福祉的特殊功能，开展“民众自助为首-普通帮助为辅-专业协助托底”的自助先导行动。由社会工作到社会的服务溢出行动与由社会到社会工作的常态防治行动构成了“助人自助-自助助人”的双向伦理逻辑。

如此的双向行动应该是中国新时代国家治理体系和能力现代化的组成部分。社会工作者和民众都是其中的元素主体，都应该积极自助，助人利

---

① 顾东辉．论社会工作的阴阳之道［J］．西北师范大学学报，2017（4）．

他，助人自助，促境美好。不仅要内化理念，而且要采取行动。

The Relationship between Help and Self-help: Social Work Perspective

Gu Donghui

Abstract: Receiving help, self-help and offering help are different aspects of "help". In the terminology of "help people to help themselves", "help" refers to assist and support respectively, "people" refers to vulnerable groups, and "help themselves" means self-help.

The external help to the people consists of three parts. Social work and local helping actions synthesize altruistic behaviors in the society with the altruism as an intrinsic and fundamental ethical standard. It also includes the support from the state and the market. Support from the state relates to the motivation of strengthening political power, while support from the market aims to reflect social responsibility of enterprises. The altruistic behaviors of the society, the support of the state and the market are relatively independent and complementary.

There is a dual logic in the interpretation of self-help and helping others. From the perspective of social work, it is necessary to stimulate the clients and the public to carry out the progressive helping behavior of "being-helped and self-help and helping-people". From the perspective of social happiness, it is also necessary to advocate the self-help altruistic action of "people's self-help first" and "public help as a supplement" and "professional assistance as a foundation". For both of them, self-help is the starting point.

Keywords: Help, Self-help, Help People to Help Themselves

中国社会工作学刊　第二辑
第 19~33 页

心理社会还是社会心理：社会心理服务体系建设中的社会工作*

童　敏　许嘉祥　周晓彤**

【摘要】 自 2018 年我国开始尝试社会心理服务体系建设试点工作以来，我国社会治理的理念发生了根本改变，心理健康服务成为社会治理不可或缺的内涵。然而，到目前为止，很少有社会工作学者关注社会心理服务体系建设。为此，本研究采用个案研究法实地调查两个社会心理服务体系建设试点城市的工作状况，发现我国社会心理服务体系建设包含两种完全不同的心理健康视角的社会治理观：一种是把心理元素放在首位，要求将心理健康服务融入社会治理各个方面的心理社会的社会治理观；另一种是把社会元素放在首位，倡导在实际生活问题解决过程中融入心理健康服务的社会心理的社会治理观。在这两种不同的社会治理观指导下，作为社会治理中的一支重要力量的社会工作需要转变观察视角，把心理元素也融入专业服务的基本框架中，以提升我国社会治理的水平和成效。

关键词： 社会心理服务体系建设　社会治理　社会工作

一、问题提出

中华人民共和国成立之后我国一直注重心理健康服务，特别是严重精

---

* 本文是国家社会科学基金项目“新时代的场景实践与中国社会工作本土化理论体系建设”（编号：18BSH151）的阶段性成果。

** 童敏，厦门大学社会与人类学院教授，博士生导师；许嘉祥，厦门大学社会与人类学院在读博士；周晓彤，厦门大学社会与人类学院在读硕士。

神障碍患者的救治，始终是政府工作的重要内容之一，但是真正将心理健康服务上升为国家战略，与经济建设、政治建设、文化建设、社会建设、生态文明建设并列来认识和推进，则是近年来的重要举措①。2015 年，《中共中央关于制定国民经济和社会发展第十三个五年规划的建议》中首次对心理健康服务与社会心理服务作了区分，把心理健康服务放在身心健康的背景下讨论，而将社会心理服务作为社会治理的重要内容来阐述。2016 年，22 部门联合印发《关于加强心理健康服务的指导意见》，强调解决公众心理健康问题，包括改善公众心理健康水平、促进社会心态稳定和人际和谐以及提升公众幸福感等，不能通过微观的心理健康服务来解决，而需要依赖社会心理服务体系建设。2017 年，习近平总书记在党的十九大报告《决胜全面建设小康社会　夺取新时代中国特色社会主义伟大胜利》中直接提出："加强社会心理服务体系建设，培育自尊自信、理性平和、积极向上的社会心态。"2018 年，由 10 部门联合颁布的《关于印发全国社会心理服务体系建设试点工作方案的通知》，则明确要求从社会治理的高度认识和推进社会心理服务体系建设。

显然，心理健康服务已经融入我国的社会治理中，并且对我国社会治理的逻辑产生了重要影响②。它不仅涉及社会治理微观个人层面和中观人际层面的情绪和认知，而且涉及社会治理群体宏观层面的社会心态和行为③，甚至还与社会工作所关注的弱势人群服务以及民生保障相关联④，促使我国的社会治理转向运用心理规律的"由心而治"⑤。然而，作为我国社会治理的一支重要力量的社会工作，虽然也被要求参与国家的社会心理服

① 辛自强．"心理建设"或可上升为国家战略［J］．民主与科学，2017（06）：34-35.

② 王俊秀．社会心理服务体系建设与应急管理创新［J］．人民论坛·学术前沿，2019，165（05）：24-29.

③ 俞国良．社会转型：社会心理服务与社会心理建设［J］．心理与行为研究，2017，15（04）：433-439.

④ 伍麟，刘天元．社会心理服务体系建设的实践路径与现实困境——基于河南 W 县的经验分析［J］．北京行政学院学报，2019（06）：86-93.

⑤ 池丽萍，辛自强．社会心理服务体系建设的应然与实然：基于全国 12 个试点地区的评估［J］．心理科学，2019，42（04）：978-987.

务体系建设[①]，并且被视为对此有着积极促进的作用[②]，但是实际上却很少有社会工作学者关注社会心理服务体系建设，更不用说参与其中探索社会心理服务体系建设对社会治理逻辑以及社会工作产生的影响。为此，本研究将实地调查全国试点单位的社会心理服务体系建设状况，分析社会心理服务体系建设给我国社会治理逻辑带来的影响，以及在这样的影响下社会工作面临的挑战，以便为社会工作参与我国的社会治理提供新的策略和视角。

二、研究设计

针对社会心理服务体系建设，有不少学者开展了讨论，有的认为，这是心理学应用体系与社会治理体系的双向契合[③]，目的是在社会治理中加强心理建设[④]；有的强调，这是突出社会治理中的社会心理视角，希望解决宏观社会心理问题，以实现国家和社会的“善治”[⑤]；有的指出，这是促进心理健康服务、社会心态培育以及共同体建构三者的融合，以实现社会治理从外部向内部的转变[⑥]；有的则声称，这是通过完善心理健康服务体系推动社会治理朝矛盾预防与化解机制方向延伸[⑦]。显然，尽管不同的学者对社会心理服务体系有不同的看法，但是他们都认为，引入社会心理服务体系建设之后，社会治理有了两个重要着手点：社会心态培育和社会矛盾预防与化解，呈现出社会方面的治理与心理方面的

① 本刊编辑部.《全国社会心理服务体系建设试点工作方案》解读［J］. 中国社会工作，2019，361（01）：8.

② 木子. 社会心理服务体系建设与专业社会工作发展的思考［J］. 中国社会工作，2018（19）：29-30.

③ 王俊秀. 从心理健康到幸福社会［N］. 光明日报，2019-01-08（11）.

④ 傅小兰. 加强社会心理服务体系建设［J］. 人民论坛，2017（S2）：124.

⑤ 辛自强. 社会心理服务体系建设的定位与思路［J］. 心理技术与应用，2018，6（05）：257-261.

⑥ 吕小康，汪新建. 中国社会心理服务体系的建设构想［J］. 心理科学，2018，41（05）：4-8.

⑦ 乔志宏. 我国社会心理服务体系建设面临的困难与挑战［J］. 心理学通讯，2019，2（01）：17-21.

治理相结合的特点①。

为了深入了解社会心理服务体系建设对我国社会治理逻辑产生的具体影响，找到本土社会工作的发展路径和策略，本研究选取东部和西部两个全国社会心理服务体系建设的试点城市作为研究个案进行实地观察和访谈。其中一个试点单位 A 市是西南部的一个重要城市，常住人口 815.47 万人，辖 9 个区、县、市（6 区、2 市、1 县），全市 168 个乡镇（街道）中有 165 个（98.21%）已建立精神卫生综合管理小组，51 所高校都配备了心理健康教育专职教师，1554 所中小学中有 810 所（52.12%）建立了心理辅导室。截至 2017 年 3 月底，A 市已登记注册开展心理咨询服务的机构有 677 家，个体 163 户，其中专门提供心理咨询服务的机构 58 家，个体 65 户。另一个试点单位 B 市是东部沿海城市，常住人口 656.56 万人，辖 4 县 1 区和两个功能区。全市 116 个乡镇（街道）都已建立精神卫生综合管理小组，3 所高校都配备了心理健康教育专职教师，1119 所中小学中有 1037 所（92.67%）建立了心理辅导室，116 个党政机关企事业单位中有 12 家（10.34%）建立了心理辅导室或者购买社会组织为员工提供心理健康服务，1313 个村（社区）中有 13 个（0.99%）建立了心理辅导室或者社会工作室。

由于社会心理服务体系建设不仅涉及的服务范围比较广，涉及的服务单位比较多，而且涉及的服务人群也比较多样，很难一概而论。为此，本研究主要以服务范围为依据，同时结合服务单位和服务人群的要求对观察和访谈对象进行划分。就服务范围而言，社会心理服务体系建设可以分为 3 大类：精神疾病防治、心理咨询和心理健康教育以及基层矛盾的化解和预防。A、B 两市的具体观察和访谈对象及其安排如表 1 所示。

① 王俊秀．社会心理服务体系建设与应急管理创新［J］．人民论坛·学术前沿，2019，165（05）：24-29.

表 1　A、B 两市实地观察和访谈安排表

服务范围	A 市	B 市
精神疾病防治	精神专科医院 1 所/市疾控中心 1 家（FA1）	精神专科医院 1 所（FB1）
	综合医院心理门诊 1 家（FA2）	综合医院心理门诊 1 家（FB2）
	社区卫生服务中心 1 家（FA3）	社区卫生服务中心 1 家（FB3）
心理咨询和心理健康教育	中学 1 所（FA4）	大学 1 所（FB4）/中学 1 所（FB5）
		市未成年人心理健康辅导中心 1 家（FB6）
		社会组织运营的心理咨询机构 1 家（FB7）/企业运营的心理咨询机构 1 家（FB8）
基层矛盾的化解和预防	社区矫正中心 1 家（FA5）	区婚姻登记处 1 家（FB9）
	机关健康管理中心 1 家（FA6）	
	社区 1 个（FA7）	社区 1 个（FB10）

注：访谈对象为单位的主要负责人。访谈资料的编码，A 市为 FA1 至 FA7，B 市为 FB1 至 FB10。

三、研究发现：社会心理服务体系建设是社会治理与心理健康服务的结合

尽管 A、B 两市社会心理服务体系建设开展的步伐不一致，B 市在服务的范围、服务的人数以及服务的执行力度上都要比 A 市做得好一些，但是 A、B 两市经过一年试点工作的尝试和探索，都已经初步形成了社会心理服务体系的基本框架，它不仅包括中华人民共和国成立以来我国一直关注的精神疾病防治工作，同时还包括大众的心理咨询和心理健康教育以及基层矛盾的化解和预防。

（一）政法卫健双牵头

社会心理服务体系建设的一个显著特点就是多部门的联动，包括政法

委、卫健委、司法局、公安局、教育局、民政局等不同的部门。正是这些不同部门之间的联动，才能破除“各自为政”的传统工作方式，建立跨部门、跨领域的社会心理服务体系，实现优势互补、资源共享。不过，也正是这样的多部门的联动，很容易造成试点工作方向的模糊和安排落实的困难。因此，社会心理服务体系建设给人们的第一印象就是“事情很多、面很广，工作不好做（FA1）”。有意思的是，就是在这样的繁杂多样的工作中，人们发现，政法委和卫健委的联动是关键，两者联动是否顺畅几乎决定了整个试点工作的开展状况。

我们B市的社会心理服务体系建设工作之所以开展得那么顺利，是因为从试点工作一开始，市政法委就一直参与其中，包括整个试点工作方案的制订和落实。我们把心理健康作为整个城市的建设目标，倡导健康城市，使试点工作不再局限于卫健委的精神疾病防治。(FB1)

A市在社会心理服务体系建设的试点工作中也有同样的感受和体会，一旦缺乏政法委的推动，整个试点工作就会“走老路”，“卫健委仍旧只管精神疾病的防治，教育局只负责心理健康教育，在整个试点工作中卫健委根本无法起到专业引领和技术指导的作用（FA1）”。这样，“整个社会心理服务体系建设就会缺乏专业技术支撑（FA1）”。特别是在运用社会力量参与社会心理服务体系建设方面，这在B市是首次尝试，遇到的阻力可想而知。

我们是一家民营的社会组织，之前主要从事儿童和青少年心理健康教育，规模很小。正是在领导（政法委）的协调下，我们有了现在这个200多平方米的固定办公场所，规模扩大了好几倍，这里的房租是全免的。我们希望能够做好心理健康服务，给整个社会组织起一个示范作用。(FB7)

我们是一家企业，我们觉得心理健康教育非常重要，代表着一个民族的基本素质，因此，我们投资了这家心理咨询机构。尽管这家机构目前亏钱，但是随着政府越来越重视这项工作，我们相信它一定大有可为。(FB8)

如果说政法委推动了多个部门之间的联动，为整个社会心理服务体系建设提供了组织联动的框架，那么卫健委除了负责精神疾病的防治之外，同时还为整个社会心理服务体系建设提供专业技术支持，使社会心理服务体系建设不再“走老路”，有了社会治理与心理健康服务相结合的可能。

（二）心理健康与社会治理

在政法委和卫健委双牵头的组织机制下，心理健康就成为一个广义的概念，并不仅仅是指精神疾病的防治，还包括心理危机的化解、心理状态的调适、健康生活态度的培育以及健康生活意识的提升等，是整个社会都需要关注的问题。

心理健康不是哪一个人或者哪一类人的问题，而是我们整个社会都需要关注的议题，就比如一名普通的职工，他如果对自己比较满意，脸上就会有笑容，身上就会有精气神，就会给周围的人传递正能量。（FB8）

正是因为有这样的认识，B 市把社会心理服务体系建设试点工作与该市的健康城市建设联系在一起，还专门举办了 B 市心理健康知识竞赛和心理健康宣讲大使的选拔活动，目的是提升全民的心理健康意识。无论 A 市还是 B 市都认为，社会心理服务体系建设不能局限于精神疾病防治，而应把试点工作的重点放在心理咨询和心理健康教育上，让市民了解自己的心理，学会管理自己的情绪，做到心理问题早发现、早介入，而不是等到患上了精神疾病，才去寻求医生的帮助。

我市（B 市）一直注重未成年人的心理健康教育，在四县一区均设立了未成年人心理健康辅导中心，开展心理健康教育、心理咨询服务、心理危机干预等服务。在针对学生开展心理健康教育的同时，也针对家长开展心理健康教育，指导家长学习掌握一定的心理健康教育知识和技能，帮助家庭形成良好的家庭氛围。（FB6）

A 市与 B 市一样，除了为本市的高校配备了心理健康教育专职教师之外，还为有条件的中小学建立心理辅导室，开展中小学生的心理健康教育。值得一提的是，B 市还专门成立了由精神科医师、心理治疗师、心理咨询师、医护人员、心理教师等专业人士 170 人组成的心理健康服务志愿者队伍（FB1）。即使是精神疾病治疗，社会心理服务体系建设首先关注的也是严重精神障碍患者的管理情况。

我们试点工作都需要考核严重精神障碍患者登记建档率、报告患病率、规范管理率、面访率、服药率和规范服药率，以便随时掌握严重精神障碍患者的康复状况，减少严重精神障碍患者的肇事肇祸率，避免重大恶性事件的发生。(FA3/FB3)

特别对于那些病情不太稳定、生活在社区的严重精神障碍患者，我们会安排专业的医生和护士进行面访，协助他们复诊和调药。如果有必要，我们就会联系市专科医院，让病人进行入院治疗。(FB3)

显然，在社会心理服务体系建设中，心理健康已经拥有一种广义上的内涵了，它其实渗透在社会治理的各个方面、各个环节，是全体市民整个心理健康水平的提升。可以说，这样的心理健康概念已经不再是单纯的健康内涵，而是一种把心理健康融入社会治理，从而促使社会治理拥有崭新的心理健康视角。

(三) 基层治理中的心理健康服务

在心理健康视角社会治理的指导下，社会基层治理也就自然需要融入心理健康的元素，因为基层治理中的矛盾化解与预防都离不开心理干预和思想观念的转变。尤其对于特殊人群来说，这方面的需求更为突出，他们常常与社会格格不入，拥有与一般人不同的价值原则和生活方式，不引入心理健康的元素是很难起到服务成效的。

我们市（A 市）的社区矫正中心，从 2015 年就开始引入心理咨询和心理健康教育，专门邀请了一位退休的心理教师从事这方面的工作。因为工作有成效，我们市又在 2018 年开始引进一家心理咨询机构专门负责中心的心理咨询和心理健康教育的工作，以壮大我们的专业队伍。(FA5)

其实，A 市在基层治理中最有特色、最受社会关注的是把心理健康服务引入到基层执法机关。他们从 2010 年起组建了一支由 200 名心理咨询师组成的心理健康服务队伍，倡导身心健康一起抓的理念，对高工作压力的执法人员提供心理咨询服务，并且结合执法任务设置心理团建服务的项目。

我们开始这项服务的初衷只是出于对心理学的喜欢，学了一些心理学的知识、考了心理咨询师证，就想实际用一用。没想到，我们这项完全自愿自发的服务得到了领导的高度重视，他们专门采购了一批设备，并且在

单位腾出地方建立了健康管理中心，负责整个单位工作人员身心健康的指导和训练。（FA6）

即使像婚姻登记处这样普通的基层单位，也在社会心理服务体系建设试点工作的带动下，开始尝试引入心理咨询的社会组织，专门从事离婚前的调解工作。

政法部门有一个分析，对上一年度辖区内发生的15起命案进行调查，发现其中14起均为家庭矛盾所致。为此，我市（B市）通过购买社会组织的服务，在主城区的婚姻登记处设置心理咨询服务，协助我们的工作人员调解家庭矛盾比较突出的离婚夫妻。（FB9）

不过，对于基层治理重要单位之一的社区，情况有所不同。社区内不仅居住的人群比较多样，面临的问题比较复杂，而且这些问题又常常与人们日常生活中的困难联系在一起，导致社区的心理健康服务缺少明确的抓手，很难落实到位。

我们知道居民有心理健康服务的需求，但是不晓得怎么做。一开始我们也是寻找社区中有心理学知识的人组成志愿者，但是很快发现，居民不愿意在熟人面前谈心里的想法。于是，去年我们引入了心理咨询服务，发现来得最多的是咨询孩子教育的问题。（FB10）

A市在将心理健康服务引入社区时也发现相似的困难，尽管他们开展了一些心理健康的社区宣传活动，也知道“社区是社会治理的前哨，很多社会矛盾的苗头都可以在社区生活中发现，如果能够得到及时处理，社会治理的成效就能够大大提升（FA7）”，但是实际上居民只关注日常生活中实际问题的解决。显然，在社区建立这样的心理健康服务很困难，这是心理健康服务与社会治理结合的难点所在，也是目前制约我国社会心理服务体系建设的瓶颈之一。

四、研究讨论：心理健康视角下的两种社会治理观

通过上述的个案分析可以发现，社会心理服务体系建设的核心是将心理健康服务引入社会治理，使社会治理拥有心理健康视角。这样的社会治理不同于传统的社会治理，不仅仅只是实际问题的解决，同时拥有了心理

改变的元素，使人们具有了“自尊自信、理性平和、积极向上的社会心态”。可以说，这是一种由内向外、“由心而治”的社会治理观。实际上，社会工作从诞生之日起就一直关注心理元素的运用，把心理的改变作为从“助人”服务转变成“自助”服务过程中不可缺少的要素①。甚至有社会工作学者直接指出，社会工作就是在实际环境中帮助他人的服务，它运用的是心理社会双重视角②。不过，对于心理与社会的结合有两种完全不同的看法：一种把心理放在前，重点是关注心理元素如何运用于社会处境中；另一种把社会放在前，重点是考察社会处境中如何发挥心理元素的作用。显然，这两种完全不同的心理与社会结合的看法意味着两种完全不同的社会治理观，以及社会工作在其中可以发挥完全不同的作用。

（一）心理社会的社会治理观

一旦把心理元素放在社会元素之前，人们就会从心理健康的角度考察社会治理，注重心理元素是否运用于社会治理中。这样的社会治理观假设：人们有了良好的心态才会有良好的社会关系，有了良好的社会关系才会有良好的社会氛围。因此，良好心态的建设成为社会治理的关键。而良好心态的建设又依赖于心理健康教育，除了需要对深陷心理困扰的人们进行心理援助外，在平时也需要增强人们心理健康的意识和技能。实际上，目前我国社会心理服务体系建设主要采取的是这种社会治理观。正是在这样的社会治理观指导下，我国社会心理服务体系建设不再局限于精神疾病防治，而是把心理咨询和心理健康教育作为整个服务体系建设的重点内容之一，以便让心理健康的服务能够融入社会治理的各个方面。

不过，正是因为坚持了这样的社会治理观，将心理健康服务融入基层治理，特别是社区治理过程中就遇到了困难，很难推展开来。这种困难，说到底，是两种思维方式的冲突：一方面，从心理健康视角来看，需要把心理元素放在首位，提升人们的心理健康意识和技能；另一方面，从基层居民的现实需求来看，又需要把实际生活环境放在首位，首先解决基层居

---

① Howe, D. A Brief Introduction to Social Work Theory ［M］. Palgrave Macmillan, 2009: 27.

② Woods, M. E. & Hollis, F. Casework: A Psychosocial Theory (4th Ed.) ［M］. New York: Mcgraw-Hill Publishing Company, 1990: 14.

民在生活中遭遇的实际困难。这样，我国目前的社会心理服务体系建设试点工作就会在社区基层治理中形成短板。这一短板不仅直接影响整个服务体系的建设，而且更为重要的是，社区基层治理是整个社会治理的基础，它的工作状况的好坏将直接影响整个社会治理的成效。

实际上，社会工作在这一点上是大有可为的，因为社会工作就是帮助社会弱势人群的一种职业，在社会弱势人群的日常生活中融入心理元素一直以来就是社会工作专业服务的基本要求，也是社会工作作为一种专业得以确立的基础，这就是社会工作所说的“人在情境中”，即把服务对象放在具体的生活场景中考察他们的成长改变要求①。尤其是社区，长期以来就是社会工作专业服务的重要实践场所，也是社会工作施展专业力量的重要实践方式②。20 世纪七八十年代引入生态系统视角之后，社会工作更是把生活环境作为专业服务开展的现实基础，注重特定生活环境中个人内部心理与外部环境的相互影响和相互转化③，甚至直接倡导一种在物理、社会和历史文化环境中开展专业服务的像“生活”一样的模式④。

值得注意的是，中国本土社会工作的专业实践是在民政部门的大力推动下产生的，带有显著的民政色彩，不仅解困帮扶成为我国社会工作的重要服务内容，而且社区服务或者与社区相关的服务成为我国社会工作的重要服务领域，就连社区工作者和社区中的社会组织也成为我国社会工作的重要合作者，一起建构“三社联动”的服务框架。不过，这样的专业服务推进方式也让中国本土社会工作更为关注民政的解困帮扶，忽视心理改变的服务传统，很容易把社会心理服务体系建设简化为心理健康服务，看不到我国社会治理观的改变以及与中国本土社会工作发展之间的内在关联。

---

① Hamilton, G. Theory and Practice of Casework (2nd Ed.) [M]. New York: Columbia University Press, 1951: 34.

② Brieland, D. “The Hull-House Tradition and the Contemporary Social Worker: Was Jane Addams a Social Worker?” [J]. Social Work, 1990, 35 (2): 134-138.

③ Meyer, C. H. (Ed.). Clinical Social Work in The Eco-Systems Perspective [M]. New York. Columbia University, 1983: 127.

④ Gitterman, A. “Advances in the Life Model of Social Work Practice.” In Francis J. Turner (4 Ed.). Social Work Treatment: Interlocking Theoretical Approaches [M]. New York: The Free Press, 1996: 389-408.

（二）社会心理的社会治理观

如果把社会元素放在心理元素之前，人们理解社会治理的角度就会与心理健康角度考察社会治理不同。这样的社会治理观假设：人们只有在现实生活面前学会接纳生活的局限并且从中找到可以参与和改变的地方，才能产生积极向上的心态，而积极向上的心态又会进一步激发人们参与和改变现实生活的热情，创造积极向上的良好社会氛围。这样，学会接纳生活的局限并且找到可以参与和改变生活的地方，就成为这种社会治理的关键所在。为此，需要协助人们学会问题解决的思维方式，改变对待现实生活局限的态度，创造参与和改变自己生活的机会。在这样的社会治理观指导下，我国社会心理服务体系建设试点工作也就需要相应地转变对待心理健康服务的视角，特别是在基层治理方面，把现实生活的问题解决作为重点，将心理咨询和心理健康教育融入现实问题的解决过程中，提升社会治理的成效。

显然，这种改变的核心其实就是转变对待心理的看法，强调心理只是现实生活中的一种现象，它来自现实生活，又对现实生活有影响。因此，所谓的心理健康也就不能仅仅从心理健康教育的角度进行考察，而需要放在社会现实生活中来理解。只有那些能够给现实生活带来积极改变的心理，才能够让人们体验到积极向上的心态，才是健康的心理；同样，一种健康的心理也就必定能够对现实生活的问题解决带来积极的影响。否则，即使人们自己感觉到心理健康，也很可能只是自己的感觉，并不能够在现实生活中呈现它的积极作用，这样的心理健康是缺乏现实社会生活基础的。

实际上，社会工作在20世纪六七十年代吸收了马克思主义社会结构分析视角之后，就强调人是一种社会的人，人的社会关系决定了人的心理①。特别是在德国的法兰克福学派的影响下，心理也就有了解社会现实、超越

① Fook, J. Critical Social Work: The Current Issues [J]. Qualitative Social Work, 2001, 2 (2): 123-130.

当下局限、发挥自身主体性作用的目的①。真正将个人的心理与社会结构融合在一起考察的是加拿大的学者莫罗，他主张把个人与环境之间的相互作用作为分析的焦点，重点探究个人如何通过生活问题的解决带动社会的改变②。20 世纪 80 年代兴起的女性主义社会工作则直接把关系中的自我（Self-in-relation）作为理解个人心理的基础，倡导借助个人改变来带动社会改变③。尽管在后结构主义影响下，90 年代之后的社会工作越来越关注日常生活中的场景实践，但是把人放在现实生活处境中理解个人内心成长改变要求的服务框架并没有改变④。

在这种社会心理的社会治理观指导下，现实生活的矛盾化解和预防就成为社会心理服务体系建设的基础和重点，相应地，社会工作也就有了更大发挥作用的空间。不过，需要注意的是，心理社会的社会治理观与社会心理的社会治理观并不是截然对立的，对于已经出现心理困扰，甚至精神障碍的患者来说，直接给予心理干预以及心理健康指导是必要的，但是对于被生活问题困扰的社会弱势人群而言，生活问题的解决才是心理健康的关键。因此，这也意味着我国的社会心理服务体系建设需要沿着两条主线来开展：一条是以心理健康为主线，依照心理社会的社会治理观；另一条是以现实生活问题解决为主线，依照社会心理的社会治理观。只有这样，才能保障我国社会心理服务体系建设将精神疾病防治、心理咨询和心理健康教育以及基层矛盾的化解和预防结合起来，真正提升我国社会治理的水平和成效。

五、结论

自 2018 年我国开展尝试社会心理服务体系建设试点工作以来，社会治

---

① 赵勇．法兰克福学派内外：知识分子与大众文化［M］．北京：北京大学出版社，2016：27.

② Moreau，M. J. A Structural Approach to Social Work Practice［J］．Canadian Journal of Social Work Education，1979（1）：78-94.

③ Michle，D. Relational Theory and Social Work，In Turner F J. Social Work Treatment：Interlocking Theoretical Approaches［M］．New York：The Free Press，2011：404.

④ Healy，K. Social Work Theories in Context：Creating Frameworks for Practice［M］．New York：Palgrave Macmillan，2014：2.

理的理念发生了根本改变，心理健康服务成为社会治理不可或缺的内涵，使我国的社会治理拥有了心理健康的视角。值得注意的是，尽管我国社会心理服务体系建设试点工作已经在全国铺开，但是对于这项试点工作不同的学者有不同的看法，到目前为止，还没有形成清晰一致的认识。

就我国的社会心理服务体系建设试点工作而言，它主要包括三部分内容：精神疾病防治、心理咨询和心理健康教育，以及基层矛盾的化解和预防。实际上，在将心理健康服务与社会治理结合的过程中，我国社会心理服务体系建设试点工作的基本服务框架并不是一致的，包含两种完全不同的心理健康视角的社会治理观：一种把心理元素放在首位，要求将心理咨询和心理健康服务融入社会治理的各个方面，称之为心理社会的社会治理观；一种把社会元素放在首位，倡导在实际生活问题解决过程中融入心理咨询和心理健康服务，称之为社会心理的社会治理观。在这两种不同的社会治理观指导下，社会工作都可以在其中发挥积极的作用，尤其是后者，社会工作的作用更为突出。不过，作为我国社会治理的一支力量的社会工作，首先需要转变观察视角，把心理元素融入专业服务的基本框架中。

Psychosocial or Social-Psychology: Social Work in the Construction of Public Psychological Service System

Tong Min, Xu Jiaxiang, Zhou Xiaotong

Abstract: Since 2018, when China began to try to build the System of Public Psychological Service, the concept of Social Governance in China has undergone fundamental changes. Mental Health Services have become an indispensable part of Social Governance. However, only few social work scholars have paid attention to the construction of Public Psychological Service System up to now. This study adopted the case study method to investigate the working conditions of two pilot cities of Public Psychological Service System. The study found that the construction of China's Public Psychological Service System contains two completely different views of Social Governance from the two different perspectives of mental health. The first one is about Social Governance in Psychosocial. It puts the psychological element in the first place and requires psychological health services to be integrated into all aspects of Social Governance. The other one is about Social Governance in Social-Psychology. It puts the social element in the first place and advocates the integration of mental health services into the process of real-life-problem solving. Under the guidance of these two different views of Social Governance, social work, as an important force in Social Governance, needs to change its perspective of observation and integrate psychology into the basic framework of professional services, so as to improve the level and effectiveness of China's Social Governance.

Keywords: the Construction of Public Psychological Service System, Social Governance, Social Work

中国社会工作学刊　第二辑
第 34~47 页

集体增能：社会工作参与农村互助养老的行动逻辑*

——基于 G 村的案例

黄　红**

【摘要】 老龄化背景下，我国农村养老问题更显突出。无论从文化还是从现实资源供给来看，农村互助养老都是解决农村养老问题的重要途径。本文通过对社会工作参与 G 村互助养老的行动研究发现，集体增能是 G 村社会工作参与互助养老的行动逻辑。社会工作者通过集体意识的唤醒—社区联盟形成—集体行动产生的实践框架，运用重命名、组织化、对话等策略，建构一个空间、组织、机制多维，集体增能中“嵌套”个体增能、社区增能，综融性社会工作方法运用的“整合式”的本土增能服务模式。在此基础上，阐释社会工作在农村互助养老中的服务空间、发展路向，以期为社会工作参与乡村治理、脱贫攻坚提供借鉴。

关键词： 社会工作　集体增能　农村互助养老　行动逻辑

---

* 本文是黑龙江省社科研究规划项目《社会治理创新背景下我省社区社会组织培育机制研究》（项目编号：17SHE348）和黑龙江工程学院基金项目《黑龙江省社会组织孵化培育机制研究 》（项目编号：2017BJ27）阶段性成果。

** 黄红，教授，黑龙江省社会科学院社会学所所长，哈尔滨工业大学博士生，民政部首批专业社会工作领军人才，中国社会工作学会常务理事、中国社会工作教育协会社会工作督导专业委员会副主任，医务社会工作专业委员会副主任，黑龙江省社会学会副会长、黑龙江省社会工作学会副会长。

一、问题的提出

根据国家统计局2020年1月17日公布的数据，2019年末我国60周岁及以上人口达到25388万人，占总人口的18.1%，其中65周岁及以上人口17603万人，占总人口的12.6%①。相较于2018年年底，60周岁及以上老年人口增加约439万，65周岁及以上老年人口增加约945万，占总人口的比重分别增加0.2%和0.7%。在老龄化日益严重的形势下，养老问题尤其是农村养老问题日益突出。农村互助型社会养老是具有中国特色的社会养老形式，是对农村传统家庭养老的重要补充，"它扎根于农村传统的亲邻互助网络，其本质在于经济互助，表现为有组织地发动邻里、志愿者等社会力量，充分利用以老年人为主的各类人力资源的闲置时间、资源，低成本地相互帮助和服务。"② 在农村互助养老实践中，各地形成了不同的模式，但在实际操作中，互助养老的内生动力问题是一个关键要素。如何激发内生动力——尤其是在经济资源不足的村庄——是互助养老能否持续的关键。互助养老体现的不仅仅是经济元素，更主要体现的是文化层面，是村庄作为伦理共同体，村民获得意义感的新途径。除了经济上的推动，社会工作作为一种专业力量在农村互助养老尤其是互助养老内生动力的推动上有没有服务的空间？如果有，专业优势在哪儿？如何开展专业服务？本文采用行动研究方法反思在G村互助养老的增能实践，分析集体觉醒、组织联盟形成、集体行动的增能框架中行动的策略和增能效果，以考量集体增能的行动策略对农村互助养老内生动力作用的推动，对增能社会工作提供可借鉴的服务模式。

二、文献回顾和理论框架

（一）农村互助养老文献回溯

农村互助养老是从中国传统家庭养老弱化这一现实国情出发，在各地

① 国家统计局，http：//www.stats.gov.cn/tjsj/zxfb/202001/t20200117_1723383.html，2020-1-17.

② 刘妮娜．农村互助型社会养老：中国特色与发展路径［J］．华南农业大学学报（社会科学版），2019（1）．

实践中探索出的一种应对农村人口老龄化的中国经验。关于农村互助养老的既有研究主要聚焦在农村互助养老的内涵、可行性、主要模式、存在问题、推进政策几个方面。

关于农村互助养老的内涵，学者从互助形式、运作机制和人力资源等方面作了界定，明确了互助养老的特点与其他养老形式的边界。它是一种“集体建院、集中居住、自我保障、互助服务”，能够实现“离家不离村，离亲不离情，养老在乡村，享乐家门口”的理想养老方式①。农村社区互助养老即是在以社区为单位的基础上，采用“社区主办、互助服务、群众参与、政府支持”的方式，整合社区所有生活能自理的老人力量及其养老资源，让老人们合住在一起，实现自助、互助②。在深入整合概括之后，农村互助养老可视作是在有效联动国家社会养老保障制度、新农村合作医疗、最低生活保障制度的基础上，充分挖掘社区老年人口，有效利用闲置设施资源，着力发挥农村基层村委会、老年协会等组织力量，在农村老年人初级群体间构建的内部服务循环系统。同时，也有学者从不同学科视角对农村互助养老的机理进行了学理层面的研究阐释。赵志强、杨青曾运用经济社会学的制度嵌入性视角分析了农村互助养老模式出现的机理和过程，展望其发展趋势。卢艳基于社会支持网络角度，认为我国当前的农村互助养老作为一种新型的养老方式，可将老年人、政府、社区和社会组织等力量全部纳入，重构农村老年人的社会支持网络体系，从而在发掘可供利用的社会资源基础上降低养老风险。邓俊丽从社会治理创新的视角，通过对内蒙古农牧区幸福院的调查，认为社会治理创新在体制、机制、主体、路径等多层面为养老模式创新提供了理论预设，可以为更多因素进入互助养老提供可能。关于农村互助养老的实践模式和相关社会政策，郭丹阳概括性地总结指出，目前我国的农村互助养老模式在实施中根据推行主体的不同，可以划分为政府主导型、民间组织主导型、群众自发型、个人主导型以及时间银行五种类型。李曼认为我国农村互助养老现已形成四种

---

① 王满富．浅议互助性养老模式［J］．决策探索，2012（20）．

② 金华宝．农村社区互助养老的发展瓶颈与完善路径［J］．探索，2014（6）．

区域模式，即河北肥乡模式、四川崇州模式、内蒙古乌兰察布市模式、青岛四方区模式，这些地方分别形成了各自独特且具有广泛代表性的互助养老实践点。

随着农村互助养老在实践中的推进，近几年，学者对农村互助养老在持续推进中出现的问题有了更多关注，并从不同视角提出了一些改进建议。陈志斌提到我国政府目前还没有启动对互助养老方面的专项扶持款。金华宝强调我国农村社区互助养老面临缺乏相关法律规范、政策支持不足、社会支持氛围不够、互助领域狭窄、内容简单等发展瓶颈。赵志强指出农村互助养老的发展路径受我国压力型体制的影响，县乡地方对互助养老建设采取选择性的政策执行，供给主体责任缺失，易出现乡村信任危机。一些学者回应了上述问题，并依据不同视角提出了解决途径：高青青强调发挥社区社会工作介入农村社区互助养老资源整合中的角色和路径；刘晓梅通过借鉴城市成功经验和其他发达国家的做法，提出培育多元化的互助养老服务提供主体、构建自助养老服务信息系统、实现多渠道筹措资金、促成有效的需求评估与服务评估机制；刘妮娜主张充分利用农村传统互助网络、居民闲力、组织优势，分阶段、分区域构建互助型社会养老体系，再逐步区分照顾和护理，提高护理服务的专业化、标准化、市场化水平，走符合我国乡村村情的、可行的且内含善治意义的渐进式发展道路①。从对已有研究文献的梳理和农村互助养老的实践来看，关注互助养老主体的异质性和主体性地位、互助养老队伍的稳定性、互助服务的持续性、激发内生动力确保互助养老的持续发展的研究还不够，尤其是解决路径研究不多。互助养老的核心是有组织地发动社会力量，充分利用以老年人为主的各类人力资源的闲置时间或闲置资源，低成本地相互帮助、提供服务。社会工作作为一种专业力量在农村互助养老中具有一定的专业优势，尤其是增能社会工作作为社会工作的一个重要流派、一种服务模式，能够为培养互助群体的主体性和如何激发内生动力提供理论和实践框架。

---

① 刘妮娜．农村互助型社会养老：中国特色与发展路径［J］．华南农业大学学报（社会科学版），2019（1）．

（二）增能理论的逻辑理路

增能理论又译作激发权能、增权理论，由美国哥伦比亚大学学者所罗门在《黑人增权：受压迫社区中的社会工作》中首次提出。他对增能的定义是：社会工作者针对服务对象所采取的一系列活动过程，目的在于减少污名成员群体因负面的评价而形成的无力感。即通过处理问题中的特殊障碍，改变受到外在污名化的团体的界定，使团体内的成员重新界定和认识该团体，并重拾自信与自尊①。可以说，“增能”（增权）与“无权”相对应，是作为一个整合框架而出现的，它展现的是一个回应受压制群体需要的、全面系统的助人视角。此后，传统和创新的社会工作取向很快接纳、融入了增能的观点，并使之成为社会工作理论和实践框架中的重要概念。

相对于以施恩者和解放者为取向的社会工作传统而言，增权取向是对它们的超越，它强调了权力在社会关系中的重要性、工作者与案主之间的伙伴关系、案主的长处和积极主体地位②。增能的基本价值能够协助困难群体及其成员，通过行动去增强适应环境的潜能，通过社会政策和计划去营造一个正义的社会，为社会成员提供平等的接近资源的机会③。增能社会工作的实践原则和特点，决定了其在农村互助养老主体性和动力内生中的实践优势。

在具体的实践中，增能理论通常表现在不同的层面。Gutiérrez 和 Ortega 认为它表现在个人、人际和政治三个层面，但 Perkins 和 Zimmerman 则认为它涉及的是个人、组织和社区三个层面。古铁雷斯、帕森斯和考克斯曾建构出了一个由价值基础、介入认可、指导实践的理论基础、案主和工作者相互关系的指引以及组织活动的实践架构五方面要素构成的增权取向社会工作模型，推进了增权实践的评估。童敏认为，增能社会工作是一种综合服务策略，既关乎个人层面的改变，也指涉成员之间以及社会层面

---

① Solomon. *Black Empowerment*：*Social Work in Oppressed communities*. New York：Columbia University Press，1976：38.

② 陈树强．增权：社会工作理论与实践的新视角［J］．社会观察，2004：45.

③ Lee. *The Empowerment Approach to Social Work Practice*. New York：Columbia University Press，1994：37.

的改变，是服务对象学会掌控生活环境并且达成共同目标的过程。何雪松说明了增能的发生过程可以在三个层次上实施：一是个人层次，个人感觉到有能力去影响或解决问题；二是人际层次，个人与他人合作促成问题的解决并获得经验；三是环境层次，能够改变那些不利于实现自助的制度和规则①。

个体增能阶段，主要是个体意识的觉醒和个体能力的积累；集体增能阶段，则表现为集体归属感的产生、社区联盟的建设、集体行动的产生和扩大等。个体增能和集体增能既有区别，又是一种互相促进的关系。个体的发展推动集体行为的产生，集体行动的深入促进个体的成长。增能行为出现后，在解决无权困扰的过程中，个体能力无论如何成长总是存在局限性的，因此具有社会性的个体必然会同身边的同类人进行合作。集体意识出现，便经由建立社区联盟等合作形式以集体采取行动，对共同遭遇的社会不公正问题寻求解决办法。当个体增能上升到集体增能时，个体在前期所习得的能力才有了在实践中的施展空间，开始产生现实性效果，扶持困难群体，实现社会公平公正。只有当个体的行为上升至集体行动时，其所要求的利益和斗争的成果才能得到进一步的实现和巩固。集体增能往往具有四种共通属性：自由地作出选择并承担责任的能力；合作的过程；利己利人的伙伴关系；共同决策、资源的共享。

综上所述，本文将集体增能定义为：自我意识觉醒之后的个体，其能力得到成长，在面对共同问题中逐渐认识到自身的局限性，开始为了共同目标进行合作，共享权力和资源，对共同遭遇的问题寻求解决办法，共同决策，推动社会公平公正实现的过程。

互助养老本质上是一种集体行为，是在集体增能中实现个体增能，集体增能作为服务模式的起点与结果。关于集体增能的研究也涉及从意识到行动层面的分工，本文以集体意识的形成、组织和社区的建设与集体行动的产生为分析框架，研究社会工作者在 G 村农村互助养老实践中的集体增能过程，探寻增能社会工作“发现问题，个体意识觉醒，合作建立，影响

① 何雪松．社会工作理论［M］．上海：上海人民出版社，2017：147.

力扩大，新秩序、新规则得以塑造”的操作运行逻辑，由此探究社会工作参与农村互助养老的行动逻辑。

三、社会工作者在 G 村集体增能的行动策略

G 村坐落在 H 市南侧，地处城乡接合部，总占地面积 7.2 平方千米，下辖王家屯、马家沟屯、叶家屯三个自然屯。其中王家屯原名王家窝堡，户籍人口总数为 263 人，其中 50 岁以上的老年人共 129 人（东北农村传统认为 50 岁以上就为老人），占总人口的 49%。王家屯中青年都在外打工，且将家搬出了屯。由于没有幼儿园，王家屯没有留守儿童。一位记者这样描述社会工作者进驻之前的王家屯，“像无数中国的城中村一样，被城市化的进程裹挟进来，但许多村屯没有达到和城市一样的现代文明生活。这座百年老屯，只剩一条通往外界的路，没有多少土地可耕种，老龄化加上出行难，使原本艰难的求医路雪上加霜。加之壮年外流，收入拮据，整座村屯弥漫着混沌、孤独与沮丧。”“研究者所在的社会工作团队通过三年在 G 村的实践推动了互助养老的开始。一群外来人出现了，他们第一次听说‘抱团取暖’就是种瓜得瓜，一个微信群，一个据点，一个协会，将屯亲们抱成一团，王家屯的名声从此改变。”王家屯互助养老形成的经验也成为所在省、城市开始复制的经验，其集体增能视角下的实践模式具有学术研究的典型意义。

（一）重命名——互助养老的意识形成

增能社会工作主张，要鼓励服务对象运用他们的方式表达内心的感受，并且通过重命名，帮助服务对象学会从不同角度理解生活中的困难，从而把服务对象自己的真实感受呈现出来。G 村驻村社会工作者以集体意识的唤醒作为集体增能的行动起点，运用重命名的方式让王家屯的村民刷新认识：从养儿防老—自助养老，到自助养老—互助养老。这种集体意识的觉醒，可以唤醒个体间的合作和集体责任。个体在集体中有了主人翁意识，开始主动地投入到集体建设中，为集体的各项行动筹谋划策，而集体归属感是集体意识觉醒的一项重要体现。

1. 村民关系的重命名——互动活动促使链接

王家屯离村委会比较远，没有日常的公共空间，偶尔有村民到屯子里唯一的小卖店打打麻将。驻村社会工作者将小卖店作为群体活动的空间，与小卖店老板娘商量把活动的场地放在小卖店，给村民开设一些老年人养生、防诈骗、百家宴和节日活动等康乐类的小组服务。驻村社会工作者以切入难度较低的百家宴作为打开互助思维的基础性活动，第一次由社会工作者推动，接下来村民办了一次又一次，自己带菜，唱歌谈心，村民之间的距离拉近了，感受到了在一起的快乐。利用互益性的活动，满足老有所乐的需求，让村民将“互助”“养老”连在一起。在这一阶段，社会工作者将个体的增能融入群体的活动之中，将其权能在群体中实现，同时在凝聚的过程中实现集体权能增加。

2. 公共空间的重命名——互助空间强化互助意识

对于“小卖店”这样一个非常规意义上的村民聚集地，社会工作者和街工委、村委会、村民、小卖店多次讨论沟通，在第一阶段活动收效良好的基础上，将王家屯小卖店打造成“邻里关爱互助点”。G 村驻村社会工作者根据农村传统生活习惯和现实情况赋予传统公共空间新的互助养老的意义，使其成为解决农村社区服务设施短缺的、简单易行的新型村落公共空间，成为互助养老的重要载体。装饰一新的小卖店转身成为“邻里关爱互助点”，屯亲们开始谈论共享。他们“共享”的不仅是自己家的三餐、钱、男丁、车、网络，还把在外打工的儿女拿出来“共享”，帮全屯人订火车票和飞机票进行“远程服务”，更重要的是“共享”心事和困难。啥是“共享”？就是想哭时有人陪你唠，有事吆喝一嗓子全都上。“互助”“养老”成为一个标记，社会工作者推动村民开始讨论现实的养老困境，讨论互助养老的可能。集体意识让单个个体们更加紧密地凝聚在一起，为着共同的目标并肩作战。

（二）组织化——互助社区联盟形成

组织化增能指的是“具有同类特质，但处于原子化状态的个体加入自己的组织，并将其嵌入到社会权力体系之中的过程”①。老年协会的成立是王家屯互助养老开始形成的关键。

首先，基于组织平台的社区精英增能。G 村驻村社会工作者在服务的过程中，挖掘农村社区有威望、有公益心、有一定组织能力的村民，通过精英小组增能，推动成为互助养老的能人骨干。村民白阿姨，过去是屯里有名的大落忙②，在村民中有一定的威望，曾经是屯里维权上访的领头人。聚集在白阿姨身边，经常在小卖店活动的有五六位热心阿姨。社会工作者从邀请白阿姨和伙伴们参加社会工作者组织的养生小组、防诈骗小组开始，发掘小组内在动力和成员的参与意识。“百家宴”是白阿姨和伙伴们成为互助养老核心人物的关键事件。第一次百家宴，社会工作者邀请白阿姨和她的伙伴参与，从策划到组织都由她们唱主角，使她们越来越有角色感；第二次、第三次百家宴完全由白阿姨她们自行组织，她们的组织能力大大提高后，社会工作者由组织者变成了被她们邀请的特别嘉宾。

其次，王家屯互助养老协会成立。自愿形成的互助组织，采取具有地方经验的互助形式，才能最大限度调动村民自身的参与积极性，才能保证老年人互助的质量，也才能化解老年人互助中可能出现的风险，降低老年人互助的成本。

王家屯在试“运行”了几个月“共享制”并尝到实实在在的“甜头”后，迫不及待掀起一场“高龄投票选举”，也让老人们在互助和新鲜的现代生活方式中找到了自我。在居民骨干的带动下，王家屯互助养老协会成立了。登记会员那天，屯子里所有在籍的老人全部出动加入协会。当时能走能跑的 65 位老人全部到场，齐刷刷全票通过 63 岁的白阿姨为会长。社会工作者和理事会成员一起用村规民约的形式拿出协会的章程，让村民看得懂、听得明白、做得到。协会成立一个月，会长每天从屯头到屯尾走好几趟，挨家挨户进门“视察”，把每家情况全部掌握在手：谁家小老人要伺候老老人，谁有心脏病，谁得过脑梗，谁家子女不在哈市，谁家孩子病

① 葛道顺. 镶嵌、自主与弱势群体的社会资本重建［J］. 江苏社会科学，2005：225.

② 以前，在农村，儿子娶媳妇、姑娘出门子、老人病逝、脱坯盖房子……谁家有个大事小情的，都要找屯里管事的帮助张罗。管事的也称之为大落（读“lào”音）忙。

倒了……白阿姨有个小本，上面记满了屯里每个空巢屯亲的家庭信息、健康信息及其子女的联系方式。自发组织出游，七一策划红歌会，国庆节两个屯联合开展文艺表演，腊月的时候组织包冻饺子，疫情时候主动参与疫情防控、电话微信探访特殊困难家庭，不断参与到深层次的农村养老事务过程中，协会成了互助养老的重要联盟。互助养老协会本质上是一个农村的自组织，而正是通过对这种自组织形态的社区组织增能，使得每个村民在集体的互动和行动中有效增能，走向合作，并通过集体的行动实现互助式养老。

（三）对话——互助集体行动产生

实践中的增能需要通过对话的方式实现“现实的构建”。通过对话带动服务对象观察和思考问题中呈现的社会资源分配不公的现象，协助服务对象找到应对“不可掌控”社会环境的方法（Adams，1996：235）。

在开展实务工作过程中，G 村驻村社会工作者遵循增能社会工作的两个重要原则：并肩协同（side - by - side）和真诚对话（Adams，1996：235）。社会工作者扮演协同合作者、信息提供者角色，突出服务对象的自主作用，突出地方文化知识和地方经验，与服务对象一起寻找问题，一起面对困惑，一起发掘能力与资源，一起寻找解决问题的方法。对话分两个方向：一是以 G 村老年人互助养老协会骨干为主的村民对话，二是 G 村所属街道和村委会的对话，以解决合法性问题和获取更多资源。

互助养老如何可持续、通过什么样的机制来合作，是解决问题的关键环节。对此，社会工作者创新性地设计互助养老志愿服务“时间银行”，与所在街道、G 村老年人互助养老协会在王家屯推进“G 村互助养老志愿服务时间银行”。具体涉及以下几个方面：

（1）政策导向。G 村驻村社会工作者向街道负责人、王家屯互助养老协会的骨干介绍“时间银行”[①] 的构想，推动互助养老的机制建设，这与《国务院办公厅关于推进养老服务发展的意见》中“大力培养养老志愿者

---

① 时间银行最早的倡导者是美国人埃德加·卡恩，他希望人们“互助互惠、分享价值”的模式能为社会变革带来一些精神和经济效益。据报道，目前北美、欧洲和亚洲已有 23 个国家和地区的 300 多个社区尝试了时间银行模式，即用电脑量化、记录参与者的服务时间，以换取日后的回报。

队伍，加快建立志愿服务记录制度，积极探索‘时间银行’等做法，保护志愿者合法权益”倡导的工作方向一致。G 村驻村社会工作者很快与街道达成共识，街道拨出专款支持“时间银行”的推行。取得了合法身份和资源保障后，养老协会也看到了下一步工作的方向，增强了动力，最终“时间银行”取得多方认可。

（2）地方知识。针对王家屯老年人最关心、最直接、最需要的养老服务需求，G 村驻村社会工作者和街道、老年人互助养老协会在充分调研的基础上，经过反复推敲讨论，最终确定“时间银行”可以积分和兑换的 7 大类 44 项服务。这些服务都是根据村民养老服务的需求征集而来的，包括日常生活照料服务、农村特色服务、医疗保健服务、精神慰藉服务、代办服务、文化娱乐服务等，东北特色的“腌酸菜”“扒大炕”都列在服务中。村民们既为他人提供无偿的志愿服务，又能满足自身的养老服务需求。

（3）规制建设。通过议事小组、村民推选、举手表决系列过程，从 G 村老年人互助养老协会中选取骨干成员，成立“时间银行”工作组，承担具体的日常管理工作，包括宣传动员、申请加入、需求征集与发布、积分累计、积分兑换、积分公示等一系列工作。同时，明确“时间银行”运行机制，明确积分规则、兑换规则、工作职责，使“时间银行”建立一套较为完善的制度，保证公开透明、符合规范。

（4）动态管理。新型冠状病毒引起的肺炎疫情发生后，根据疫情形势，G 村驻村社会工作者和王家屯互助养老协会“时间银行”工作小组成员，修改完善了互助养老志愿服务“时间银行”的积分内容，在原有 7 大类 44 项服务的基础上，加入 6 项疫情防控新内容，对加入“时间银行”的村民正能量行为给予奖励相应积分。

上述 G 村的实践，从意识觉醒、组织化、集体行动产生三个维度实现了集体有效增能，生发出的内在主体动力引发了有意义的变革，推动了 G 村互助养老的开展。G 村的集体增能实践遵循增能社会工作强调的参与，关注成员间的互助，注重非专业化的专业化，而不是反专业主义，从空间、组织、机制立体维度以重命名、组织化、对话的增能策略，构建了一个符合增能价值的实践框架。

G村的集体增能模式

增能路向	增能策略	增能活动	互助成效
集体意识觉醒	重命名（空间）	村民活动、公共空间打造	提高闲暇生活品质，增加村庄社会资本——老有所乐
社区联盟形成	组织化（组织）	老年人互助养老协会成立、公开选举、章程制定	高链接-高整合的组织——老有所为
集体行动的产生	对话（机制）	“时间银行”兑换菜单、社区资源链接	服务的长效机制，更多社区资源的动员——老有所养

四、讨论与结语

从文化和现实来看，村庄是一个熟人社会，非亲即邻；村庄同时又是一个伦理共同体，是村民获得意义感的场所；村庄还是农民共同生产与生活的场所，是人情往来的单位。农村互助养老是基于中国传统村庄文化的一种可行的养老方式，尤其是在农村留守老人增多、养老资源不足的现实情境下，这种养老形式是农村机构养老、家庭养老的一个有益补充，能以很低的成本让农村老年人有一个较为幸福的老年生活。农村互助养老的内生动力、可持续发展机制是需要从理论上、政策上和实践上解决的重要议题。在“福利+公益”的属性下，除经济保障和政策支持外，建立基于村庄熟人社会的互助养老组织，如老年人协会，由老年人协会来组织农村老年人“老有所乐”，并在此基础上“老有所为”，提高闲暇生活质量，增加村庄社会资本，再继续纵深发展。从实践效果来看，互助养老可以为农村失去生活自理能力的高龄、残障老年人提供照料，在机构养老和家庭养老资源不足的情境下，成为现实中实现“老有所养”的必要途径。

农村互助养老动力内生、互助性组织建设是社会工作在这一场域中的服务目标维度。社会工作的专业特质决定其在推动组织化、激发内生动力、推动社会政策、整合社会力量等方面有明显的专业优势，尤其是增能社会工作为解决此问题提供了很好的理论框架和实践框架。扎根村庄，从增能视角运用集体增能，为互助养老主体增能，从而实现互助养老的组织化和持续性，是当下社会工作专业参与农村脱贫攻坚、乡村振兴的路径，也是专业合法性实现的路径。增能社会工作强调通过对困难群体自我意识的唤醒，激发其自我效能感，增强其自尊感和幸福感，有效地提升民众对公共生活的积极性和参与能力。增能社会工作对普通民众特别是处于社会边缘的困难群体的关怀，以及对他们价值和潜在能力的重视与挖掘，符合治理体系现代化背景下的“人本”治理理念和以人民为中心的发展理念，也和互助养老的理念相契合，为农村互助养老甚至农村问题的研究与解决提供了全新的视角和路径。

社会工作增能是一个重视实践和过程的视角，是一种动态的主客体关系展现的过程。这种动态性和过程性在农村互助养老的实践中表现为集体增能的逻辑框架：是从集体意识的唤醒—社区联盟形成—集体行动中产生的推衍，是一个空间、组织、机制多维，集体增能中“嵌套”个体增能、社区增能，综融性社会工作方法运用的“整合式”的增能模式。增能的过程主要遵循“发现问题，个体意识觉醒，合作建立，影响力扩大，新秩序、新规则得以塑造”的操作运行逻辑。增能的核心要义在于促使增能享有者在主动参与中实现对周边环境的控制与支配，即增能的本质在于通过激发个体或集体的主观能动性，增强个体或集体敢于站出来直面问题的信心。因而，在农村互助养老的增能过程中，注重政策倡导，整合更多力量，促进互助文化发展，建立多方联动机制，从“集体-社会”的增能，更好实现增能社会工作价值取向“通过个体与集体的增能改变命运、参与决策、促进社会公正”的发展路向。

Group Empowerment: The Mechanism Behind the Involvement of Social Work in Mutual Support for Rural Seniors—An Empirical Study on Village G

Huang Hong

Abstract: In China, the support for the rural seniors remains a key issue under the circumstance of population aging. For both perspective of culture and resource, mutual support in rural areas is a significant way to solve this issue. By analyzing the case where social work is involved in the mutual support among seniors in Village G, the author elaborated that group empowerment is the mechanism behind the social workers in Village G. By implementing the framework of "awaking group awareness" and "launching community network" and "generating group activities", and adopting the strategy of renaming, organizing and communication, social workers were able to construct a comprehensive local empowerment service model which is multidimensional in space, organization and procedure. The model also features the combination of group, individual and community empowerment. Furthermore, the author illustrated the serving potential and prospect development of social work in mutual support for rural seniors, in hope of providing reference for leveraging social work in rural governance and poverty reduction.

Keywords: Social Work, Group Empowerment, Mutual Support for Rural Seniors, Mechanism of Action

中国社会工作学刊　第二辑
第 48~65 页

循证社会工作的产生、现状、挑战与发展

拜争刚　刘米娜　张　曙*

【摘要】随着我国经济发展和人民生活水平的提高，贫富差距等社会问题不断涌现，为此政府逐步大力培养专业社会工作者。中国社会工作专业教育在 1987 年后恢复重建，2006 年后迎来蓬勃发展期，每年培养 2 万~3 万专业毕业生。如何在保证社会工作者体量增长的同时，使社会工作成为一门科学性和专业性强的学科是当前面临的最大挑战。循证实践理念在 1992 年提出，1999 年被引入社会工作领域，2004 年被国内社会工作界引入。循证社会工作目前已成为西方社会工作的主流方向，社会工作教育和实践从基于权威的范式转为基于循证实践的范式，但是循证社会工作在我国的发展尚处于初期阶段。为了让国内更多的研究者和决策者了解、应用当前可获得最佳证据推动我国社会工作专业化和科学化发展，本研究系统分析了循证社会工作的产生、现状和存在的具体挑战，并提出对应的发展策略。

关键词： 循证　循证社会工作　系统评价

一、引言

随着"新公共管理"运动的兴起，世界各国逐渐意识到社会资源的有

* 拜争刚，南京理工大学 MSW 教育中心、南京理工大学循证社会科学与健康研究中心教授；刘米娜，南京理工大学 MSW 教育中心、南京理工大学循证社会科学与健康研究中心副教授；张曙，南京理工大学 MSW 教育中心、南京理工大学循证社会科学与健康研究中心教授。

限性，日益重视公共支出的绩效及有效性，往往要求对公共支出的决策者和服务者提供公共支出的绩效作出评估。与此同时，专业人士亦认识到为服务对象提供专业且有效的服务是其专业地位的基本保障，这也需要专业人士应用科学方法证明其所提供的专业服务是有效的。受到循证实践（evidence-based practice）的影响，从20世纪90年代末开始，西方社会工作深感开展循证社会工作实践的迫切性，因为它可以提供科学、系统、专业及有效的项目方案和决策。然而，社会工作研究和实践因学科特性和专业性的困扰，服务工作者所提供的有效证明服务绩效的高质量研究证据少且分散，并不易获得。为此，西方社会工作研究者经过多年的努力，在与交叉学科和服务机构的合作下，大力发展并推广循证社会工作。目前，循证社会工作已逐步发展成为当今西方社会工作研究的主流研究范式，并极大地推动了社会工作的科学化和专业化发展①。

中国的专业社会工作在改革开放后重建并逐步发展，尤其是2008年以来，日益增多的政府购买服务使得专业社会工作渐渐成为社会福利领域的“香饽饽”②。但随着政府购买服务的深入发展，专业社会工作亦面临着社会资源的有限性以及政府和公众对社会工作专业服务及社会决策的绩效评估带来的巨大压力。那么是否可以借鉴循证实践的理念和方法来推动我国的社会工作朝着专业化和科学化方向发展呢？实际上，西方循证社会工作在如火如荼的发展中，国内社会工作研究者面对本土社会工作专业化发展问题也逐渐认识到循证实践是“推动社会工作在中国发展并获得社会认同的一个可能策略”③，于是将循证理念和方法应用到社会工作的教育、研究、干预、决策和实践中。10多年过去了，中国循证社会工作的发展现况如何？本文希望通过对循证社会工作发展现状及存在问题的系统研究，进一步推动中国循证社会工作的发展，促进中国社会工作的专业化、科学化

---

① 齐铱．循证理念和方法：中国社会工作科学化和专业化发展的助推器［J］．社会建设，2017（4）：28-29.

② 朱健刚，陈安娜．社工机构的NGO化：专业化的另一种思路［J］．华东理工大学学报（社会科学版），2014，29（1）：28-37.

③ 何雪松．证据为本的实践的兴起及其对中国社会工作发展的启示［J］．华东理工大学学报（社会科学版），2004，19（1）：13-18.

和本土化建设。

二、循证社会工作的兴起与发展

社会工作创建后长期大量参照心理学、社会学、辅导及心理治疗的理论和实务模式，令社会工作的专业性（专业知识基础）及科学性一直备受争议。为摆脱这样的困境，社会工作者积极提升专业性、独特性及规范性，同时也因社会工作专业的多样性造就了当今社会工作研究的百花齐放。社会工作研究以下列四种类型为主：第一，改善社会工作介入手法或提供与介入成效（Effectiveness）有关的证据研究。例如社会工作评估研究（Social Work Evaluative Research）和循证实践研究（Evidence-Based Practice，EBP），强调基于严格评估的研究证据基础上指导社会工作实务并提升其成效。第二，建构和发展与社会问题、社会政策及实务相关的理论和实践研究。以建构理论/知识为本（Theory/Knowledge generation）的社会工作研究为代表，例如运用主题分析（Theme Analysis）或扎根理论（Ground Theory）等定性研究方法进行的社会工作研究。第三，提升生活质量、实践智慧以及个人与组织学习和发展的研究。以经验为本的社会工作研究为代表，例如一线社会工作者的研究（Practitioner Research）及用户主导研究（User-led Research）。第四，促进社会融合、社会公正及社会变迁的研究。以行动研究（Action Research）为代表，研究者希望通过研究倡导和促进社会融合和社会变迁。

社会工作实践和教育模式从建立至今经历了三个主要发展阶段：1800年代到1900年代为基于道德原则的实践范式（Moral-Based Practice Paradigm）。此时城市贫困等问题被描绘成一个道德败坏的问题，需要启迪穷人对合法和有效服务的认识。在要求成熟的慈善事业专业化的推动下，随着社会工作从追求道德事业向履行社会职能的转变，第二种范式在1910年代到1930年代形成，即基于权威的实践范式（Authority-Based Paradigm）。此范式发展到1970年代，服务有效性的需求挑战了基于权威实践范式，要求应用基于经典研究证据的干预和对个人干预效果进行评估，随后进入基于经典的实践范式（Empirically-Based Practice Paradigm，EPP）。随着基于经典实践范式的衰败，直到 1990 年代循证实践范式（Evidence-Based Practice Paradigm，EBP）产生。此范式继续前阶段但又不同于经典的实践范式来推动社会工作实践和教育范式的转变和发展。在 EPP 和 EBP 范式中，将实证调查作为社会工作实践的一部分引发了关于什么构成了社会工作的合法科学的激烈哲学和方法论辩论。因此，科学概念和方法是社会工作从基于权威的实践向基于经典实践和以服务对象为中心的循证实践转变的持续努力中争论的突出主题①。近年来，随着问责时代的来临，如何在社会资源稀缺的福利脉络下通过设计和输送有效益的社会服务，以寻求更好、更高效的助人方法提高社会服务成效成为社会工作研究的共同兴趣和首要目标。社会工作循证实践（Evidence-Based Practice in Social Work）因倡导社会工作专业者在帮助实践者与管理人员识别、选择与执行对服务对象进行有效干预从而受到社会工作界较为广泛的支持，已逐步发展成为当今社会工作研究的主流研究范式。循证实践（Evidence-Based Practice）②的理念源于 20 世纪末的循证医学，其后迅速应用到教育、儿童福利、精神健康和刑事司法等社会科学领域。循证实践是教育和实践的新范式，其基本理念是基于当前可用的最佳科学证据对服务对象（无论是个人、社区还是组织）提供有关不同干预措施效果的适当信息，并参照服务对象的价值和意愿，在特定实务场景中作出符合服务对象需求的完整的干预决策。循证社会工作实践的出现，标志着社会工作实践模式的新转向：从“权威”到“证据”。在传统的实践模型中，社会工作者甚少寻找专业的干预证据指导下的服务实践，主要以指导临床实务的权威意见为基础。循证实践则强调在制定实践决策时将当前最佳研究证据与实务专业知识和服务对象的价值观相结合，而“最佳研究证据”是指基础和应用科学研究的实务相关研究，特别是来自评估社会工作服务效果的干预研究，以及评估干预措施的可靠性和有效性研究。社会工作领域的循证实践，是一系列涉及基于服

① Yu，N. J. O. J. L.-H. A Historical Analysis of Evidence-Based Practice in Social Work：The Unfinished Journey toward an Empirically Grounded Profession. Social Service Review，2014，88（1）：3-58.

② 在中国（包括我国香港和台湾地区）又常常译为“证据为本的实践”。

务对象或组织需求提出研究问题、找到最佳可用证据回答研究问题、评估证据质量及其适用性、应用证据、评估解决方案的有效性和效率的过程。

20 世纪末，Geraldine MacDonald（1998）和 Eileen Gambrill（1999）将循证医学的理念引入社会工作研究。2003 年，Leonard Gibb 出版了第一本社会工作手册；同年，Aaron Rosen 和 Enola Proctor 制定了《循证社会工作指引》；2004 年《循证社会工作杂志》（*Journal of Evidence-based Social Work*）创刊[①]；2008 年在美国出版的第 20 版《社会工作百科全书》中，正式收录了“循证实践”词条。西方社会工作界经过多年的努力，在与交叉学科和服务机构的合作下，开发干预项目，评估现有社会工作服务计划，采用专业的系统评价方法评估当前社会工作干预措施的绩效，在此基础上进一步设计干预措施，并通过建立证据转化平台进行传播有效的干预措施，最后经由专业机构与学术界合作转化干预研究的成果并加以应用到下一步研究中，从而大力推动了社会工作的科学化和专业化发展[②]。循证实践过程包括三个同等重要部分：一是当前的服务对象的实际情况及服务对象价值和偏好；二是最佳相关研究证据；三是服务人员的专业知识和技能。真正的循证实践是三部分的有机组合，并不是单纯的研究证据[③]。西方国家在应用循证社会工作过程中面临如下挑战：第一，当前可以获得的证据资源不能完全满足实践需求；第二，研究者和实践者对最佳证据的理解不一致，且服务对象价值和意愿没有在循证实践模型中得到很好体现；第三，实践者工作负担重，没有能力和时间按照循证实践模式开展服务。尽管社会工作领域应用循证实践存在以上挑战，但国际上依然在推动循证社会工作为当前主流实践和教育范式，因为其对推动社会工作专业化和科学化具有以下几点重要性：其一，EBP 是从业者通过与服务对象合作的整体方法，旨在为服务对象寻求更好服务效果的过程，这与社会工作的专业

---

① Sands R G，G. Z. D. Evidence-Based Practice in Social Work：Development of a New Professional Culture，Routlge，2014.

② 齐铱．循证理念和方法：中国社会工作科学化和专业化发展的助推器［J］．社会建设，2017（4）：28-29.

③ Drisko，J. W. and M. D. Grady. Evidence-Based Practice in Social Work：A Contemporary Perspective. Clinical Social Work Journal，2015，43（3）：274-282.

价值一致。其二，推动EBP的另一个原因是它倡导将客户纳入服务计划过程中，他们的偏好、价值观和环境都包含在决策过程中，这又与服务对象自主性和评估协作关系的社会工作价值观相一致。其三，EBP包含了一个完整的决策过程，包括但不限于研究证据，增加专业人员和服务购买方的可信度，回应其他学科批评社会工作在决策和服务中没有参考证据，从而提升社会工作的认同感和专业性。由此可见，循证实践的理念与社会工作的理念完全符合，通过循证社会工作可以体现社会工作职业的优势，在具体实践过程中引入循证实践理念和方法，从生物、心理、社会和精神等方面入手，整合多学科资源从而提供整体服务①。

三、循证社会工作的研究现状

中国的社会工作专业教育在20世纪80年代末恢复重建后至2006年后迎来了蓬勃发展期。在中国政府的大力推动下，各种社会工作机构喷涌而出，各类实务项目遍地开花，各省社会工作教育蓬勃发展。但从研究来看，目前整个社会工作研究仍然处于起步阶段，虽然研究人员基数大，但成果较少，尤其是高水平的研究更少。从研究数量来看，在“中国知网”以“社会工作”作为主题词进行搜索，从2006年起“社会工作”相关期刊论文总量呈快速增长趋势，仅2017年就达2010篇，其中社会工作实务研究数量上有较大的增长，但在“中国社会科学引文索引”来源期刊发表的文章仅为166篇。从研究质量来看，大多数社会工作实务研究还停留在案例介绍和实务介绍层面，零散的、局部性的研究比较多，在研究范式上大多遵循社会学、心理学和哲学等相关学科研究范式，社会工作学科的专业性、独特性、科学性和规范性还没有完全建立起来。随着循证社会工作在国外如火如荼地开展及国内社会工作专业性和学科性理论与实践的压力需求，从2004年第一次将循证社会工作理念引入国内起，越来越多的国内

① Murphy, A. and J. McDonald. “Power, status and marginalisation: Rural social workers and evidence-based practice in multidisciplinary teams.” Australian Social Work, 2004, 57 (2): 127-136.

学者意识到了将循证理念和方法应用于社会工作的重要性①②③。

（一）循证社会工作研究现状分析

1. 循证社会工作文献的数量与来源

2018 年 4 月 10 日以“循证社会工作 OR 证据为本 OR 知证社会工作”为检索词检索中国知网（CNKI）数据库，初步检索到 151 篇，通过标题和摘要阅读后去除非相关文献 71 篇，最终仅有 60 篇循证社会工作研究论文。我国循证社会工作领域的第一篇文献发表于 2004 年，此后发展缓慢，至 2012 年尤其是 2016 年后文献数量开始有所增加（见图 1）。从图中可以看出，我国循证社会工作领域虽然发表文献较少，但呈现一定的上升趋势。

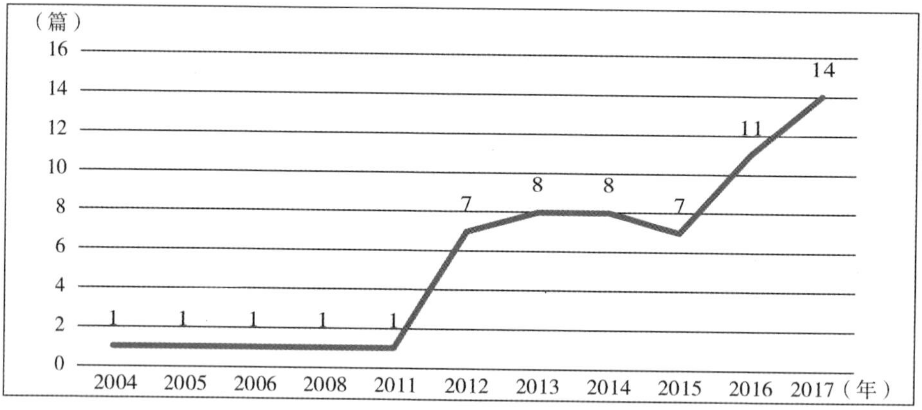

图 1 循证社会工作文献数量随年份变化图

从发表的期刊类别来看，发表在社会工作和社会福利类专业性期刊的并不多，仅占了 10%，而发表在司法与犯罪类的刊物上的最多，占了 28%，其次是一般的社会科学类和大学学报类的刊物。发表在司法与犯罪类的刊物主要是《犯罪与改造研究》期刊，一共发表了 9 篇，从 2012 年起发表了一系列主要关于循证矫正工作的研究。这也可以看出为何循证社

① 何雪松．证据为本的实践的兴起及其对中国社会工作发展的启示［J］．华东理工大学学报（社会科学版），2004，19（1）：13-18.

② 杨文登．社会工作的循证实践：西方社会工作发展的新方向［J］．广州大学学报（社会科学版），2014，13（2）：50-59.

③ 拜争刚，吴淑婷，齐铱．循证理念和方法在中国社会工作领域的应用现状分析［J］．社会建设，2017（4）：57-66.

会工作的研究在2012年有一次文献数量的跃进，主要就是因为2012年司法部倡导在我国犯罪矫正中引入循证矫正理念和方法，尤其是2013年还举办了“循证矫正方法及实践与我国犯罪矫正”研讨班，推动了循证矫正的实践和研究。2016年循证文献的再度飞跃得益于循证社会工作研究方法高级研修班和循证社会工作研究与证据合成国际研讨会的召开，随后有系列循证社会工作的方法学和系统评价发表①②③。

2. 作者及单位分析

何雪松是国内提出将循证方法引入社会工作研究的第一人，其著作在之后发表的循证社会工作文献中被多次引用。另有齐铱、拜争刚和郭伟和等发表循证社会工作文献较多，其所在机构均为大学院校。总体来看，85%的第一作者单位属于高校的教师及研究生，其余15%的第一作者单位属于政府机构的管理者或研究人员，而一线社会工作人员没有发表一篇相关研究。从作者的研究构成来看，超过一半的是由一个作者独立发表的研究，只有45%的是两人以上的合作研究。从合作研究文献来看，主要是高校不同研究人员的合作，高校研究人员和政府管理者或研究者尤其是与一线社会工作者的合作研究相当少，只占了7%。从第一作者工作单位所在的省市来看，北京和江苏地区发表文献最多，其中北京地区有17篇文献发表，江苏地区有13篇文献发表。2012—2015年，北京地区发表的文献最多，以循证矫正研究为主，这与司法部推动的循证矫正研究密切相关。2016年后，循证社会工作研究的重镇转移到了江苏地区，这一阶段的研究由初步的概论性、综述性研究转向了专业性的实证研究。

（二）循证社会工作研究方法——系统评价发展现状

循证实践理念的核心在于证据，等级越高证据越强。20世纪60年代，美国两位社会学家唐纳德·坎贝尔（Donald Campbell）和朱利安·斯坦利

① 拜争刚，吴淑婷，齐铱．循证理念和方法在中国社会工作领域的应用现状分析［J］．社会建设，2017（4）：57-66.

② 齐铱．循证理念和方法：中国社会工作科学化和专业化发展的助推器［J］．社会建设，2017（4）：28-29.

③ 张婷婷，张曙．认知行为治疗在丧亲照顾中应用成效的系统评价［J］．社会建设，2017（4）：30-41.

（Julian Stanley）首次提出证据分级概念。他们在评价教育领域部分原始研究的设计时，将随机对照研究的质量定为最高，同时引入对有关影响实验和准实验设计内部和外部真实性因素的分类。目前系统评价被定义为最高证据等级，是一种将文献资料综合评价的研究方法，研究者根据某一具体研究问题，系统透明地收集世界范围内已发表或未发表的相关原始研究，用统一的科学评价方式筛选出符合标准的文献，并用定性或定量的分析方法得出结论，从而为实践提供最佳科学依据①。

1. 系统评价的发展

从 20 世纪 80 年代初开始，随着量化研究文献的大量增加，社会科学家开始开展系统评价和 Meta 分析（元分析）研究。系统评价在社会工作研究中的应用是从 90 年代中期开始的，1993 年专业社会工作期刊上的第一篇系统评价发表，直到 2007 年后尤其是 2014 年后才进入快速发展期。目前，社会工作研究中系统评价占据着重要的地位，是证据为本的社会工作研究不可或缺的组成部分。系统评价在社会工作研究中得以兴起缘于下面四个方面：第一，相关的、跨学科系统研究的蓬勃发展，尤其是循证医学和循证实践的政策驱动。第二，循证研究机构的推动与传播。例如：Cochrane 协作网和 Campbell 协作网（尤其是社会福利组对社会工作影响最大）先后从 90 年代中期和 2000 年初建立了系统评价和元分析研究的理论和技术体系，并在全球学术界和实践界进行推动传播；受到纽约大学资助的欧洲社会研究协会 ESRC（European Social Research Council）和社会照顾卓越学院 SCIE（Social Care Institute for Excellence）大规模资助和支持社会工作的系统评价研究，推动欧洲的社会工作系统评价规范建立与实践；澳大利亚的维州健康机构（VicHealth）资助社会工作者进行系统评价研究。第三，社会工作循证实践研究导向的促进。专业人士、决策者及公众逐渐意识到高质量证据在专业实践与政策制定方面的重要性，系统评价为政策决策和服务实践提供了可靠参考证据。于是先后于 1993 年成立国际

---

① 李幼平，刘雪梅．系统评价的起源、发展和作用［J］．中国循证医学杂志，2011，11（1）：2-6.

Cochrane 协作网、2000 年成立国际 Campbell 协作网、2011 年建立伦敦国王学院证据网，旨在提供严谨可靠的证据信息来帮助社会和公共政策决策者作出更高质量的决策。而循证导向的社会工作实践的一个关键特征是对系统评价研究结果的转化，也就使系统评价和循证实践密不可分，成为循证实践不可或缺的重要一环。

2. 我国社会工作领域系统评价的现状

在中国知网数据库应用（循证 OR 证据为本 OR 系统评价 OR 元分析 OR Meta 分析 OR 荟萃分析）AND（社会工作 OR 社工 OR 社会福利）进行主题检索，最终检索到 50 篇期刊研究。这些研究发表的主要期刊有《华东理工大学学报（社会科学版）》《社会工作》《社会建设》《中国循证医学杂志》，其余 29 篇发表在其他杂志。主要研究机构包括：华东理工大学、上海师范大学、南京理工大学、兰州大学、美国南加利福尼亚大学、北京大学。国内主要的作者有：拜争刚、何雪松、杨文登、张曙、郭伟和等学者。2004 年发表了第一篇阐述证据为本（循证社会工作）的研究，2004—2015 年发表了 30 余篇研究，但这些研究均在阐述循证社会工作的理念和理论，具体如何撰写系统评价方面没有研究发表，直到 2016 年由拜争刚、齐铱、何雪松等学者联合发表了在社会工作领域如何撰写系统评价的方法论文。

（三）我国社会工作领域系统评价发展策略

从图 1 可以看到，虽然 2004 年起循证社会工作理念被引入中国社会工作界，但真正为社会工作界所熟悉是在 2015—2016 年。循证社会工作的崛起得力于四期的“循证社会工作研究方法高级研修班”和循证社会工作推动组织“中国儿童与老年健康证据转化平台”。“循证社会工作研究方法高级研修班”由中国社会工作学会联合南加州大学社会工作学院主办，由南京理工大学、深圳大学、北京社会管理职业学院三家分别承办，培训了来自全国各地高校社会工作教师和研究者 100 余人。参加研修班的学员紧紧围绕当前国内外社会工作领域关注的重大和热点问题选题，如老年人群的抑郁、自杀、慢性疾病、校园欺凌的预防、青少年犯罪预防、肿瘤患者的专业干预等主题。100 余名学员掌握了循证社会工作的理念、干预性研究设计、证据检索、证据评价、数据分析及论文撰写等研究技能。四期研修班共产生选题35个，截至目前完成全文9篇；发表全文4篇；正在研究中的22篇，其中包括正在注册的Campbell系统评价4篇。有三名学员的论文受邀在2016年6月由北京大学举办的“第二届社会科学研讨会”上作报告。发表的4篇系统评价具体情况如下：南京理工大学的刘米娜、李学斌、张曙、张婷婷于2017年8月在《社会建设》发表了《太极预防社区中老年人认知功能障碍有效性的系统评价》《认知行为干预对丧亲照顾有效性的系统评价》；兰州大学的王英于2018年1月在《华东理工大学学报（社会科学版）》发表《初级保健干预老年自杀有效性的系统评价》；深圳大学的池上新于2018年2月在《中国临床心理学杂志》发表《提升患者信任的干预措施有效性的系统评价》，研修班的其他研究论文将在后续发表。此外，研究团队已经发表3篇SSCI的循证社会工作研究。未来，将在中国社会工作学会的支持下，联合南加州大学及国际Campbell协作网，围绕系统评价、社会工作干预项目研究方法、系统评价在社会工作研究中的应用、循证社会工作服务指南制定方法，为社会组织提供具体的循证干预项目培训、社会组织转化项目及有效的实践推广模式。

国内循证社会工作推动机构方面，从2009年开始，南加州大学社会工作学院和中国循证医学中心、兰州大学循证医学中心开发了“中国儿童与老年健康证据转化平台”。平台为中国儿童和老年健康的循证研究—项目评价—服务机构能力提升提供智慧和技术支持[①]。从2014年至今，平台通过以下措施推动循证社会工作的发展：①建立了CCET平台网站（www. ccetchina. org），构建了老年健康、儿童健康、循证研究、推广应用、老年抑郁症循证防治数据库、循证社会科学数据库等板块，转化了22个儿童自闭症和老年慢性病循证项目；②成立了儿童健康和老年健康评价顾问委员会，聘请了来自南加州大学、北京大学、人民大学等国内外专家13人，开展项目转化和评价；③联合中国社会工作学会，举办了四期“全国

---

① 拜争刚，刘少堃，常健博，赵坤，李惠菊，Haluk，SOYDAN，杨克虎．中国儿童与老年健康证据转化平台的构建与应用［J］．转化医学杂志，2015（3）：154-160.

循证社会工作研究方法高级研修班”，共有100余名来自全国68所高校的研究者参加了培训，目前发表SSCI论文4篇，中文论文7篇，在中国的社会工作领域普及推广了循证实践的理念和方法；④参加2015—2016年的国际循证社会科学联盟年会（Campbell协作网年会）并作报告，经过努力有幸成为全球证据合成联盟（Global Evidence Synthesis Initiative，GESI）成员，努力推动中低收入国家（LMIC）合成证据的能力，包括但不限于农业、经济、教育、环境与健康；⑤2017年8月在《社会建设》杂志发表系列论文，介绍了循证社会工作及其研究成果；⑥2017年5月和7月分别协助在中国医促会的年会和中国医师协会循证医学分会的年会上举办了循证社会科学研究论坛，邀请了来自医学、管理、经济、教育、社会工作等领域的学者共同讨论循证社会科学未来的发展思路；⑦邀请发表循证社会科学、定性系统评价、老年健康等主题论文20余篇，其中SCI/SSCI论文5篇。CCET平台从2014年12月正式开始使用，至今其网站的累计浏览次数52716次，访问者主要来自中国的各个省市，以及美国、日本、加拿大、瑞士、韩国、挪威等国家。平台已经逐渐发展成为集研究、决策、实践于一体的证据转化平台，受到国内外的研究者、决策者和实践者的关注。

四、我国循证社会工作存在的问题及原因分析

从循证社会工作研究的数量和来源的文本分析来看，循证社会工作在国内发表数量总体较少，最早的一篇文献出现在2004年，但此后几年发展缓慢，可见循证社会工作自引入中国后所受到的关注热度并不高。这主要是因为研究者对循证社会工作仍感到陌生，而又没有相关的知识宣传或者说宣传力度不够引起研究者的探究。2012年开始文献数目逐年增多。随着社会发展，社会工作实践部门面临的问题和挑战也与日俱增，文献数量的递增体现了循证社会工作开始引起研究者的重视，因为社会工作者迫切需要有助于实际决策和实践的证据，使得研究人员开始结合国外系统、完善的理论体系和研究结果，致力于循证社会工作本土化。这样的实践首先是在循证矫正社会工作领域比较突出，从2012年起，司法部门开始引入循证社会工作的理念和方法，并在全国举办相关的培训，在江苏展开循证矫正

的试点，大大推动了循证矫正的发展。而社会工作的其他领域，直到2015年年底，在中国社会工作学会与南加州大学社会工作学院齐铱教授和Haluk Soydan教授的推动下，举办了四期循证社会工作研究方法高级研修班和召开了“第一届循证社会工作研究与证据合成国际研讨会”，循证社会工作方法和理念才慢慢进入到中国主流的社会工作领域中。同时我们也推测，随着国际上Campbell协作网的成熟和发展，国外社会工作已然步入由循证理念和方法指导的成熟的道路，国内社会工作领域想要发展，也势必要紧跟时代的潮流。

从作者地域分布的文本分析来看，循证社会工作的发表文献主要分布在东南沿海；另外，由于甘肃、四川两省循证医学研究开展较早，一定程度上推动了该省循证社会工作理念的引入和深化。尽管循证社会工作的研究主体是高校研究人员，但也可以看到在循证社会工作发展比较好的领域——矫正社会工作，有大量的政府管理人员和研究人员介入，由此可见，相关研究单位及政府部门某种程度上已经认识到社会工作领域引入循证方法和理论的重要性，并给予了适当支持。但与此同时，不难发现，进行综述的研究者多，而做原始研究和二次研究的研究者少。其原因可能是：国内研究者对循证社会工作的了解尚少，对方法学的了解和掌握尚不成熟，因而只能通过对国外文献的解读提供一些指导意见。虽然有研究表示，最佳证据的存在有可能降低研究者创建更好研究证据的意愿，但在现实情况中，原始研究的实施很大程度上是受限的。大多数研究者难以实施相关原始研究，或者说完成的原始研究存在较大局限性，主要是因为获得的支持力度不够，使项目只能在小范围实施。由于我国的地域特殊性，从不同地区的文献类型分析中可以看出，发达的沿海地区能较早对项目提供基金支持，因此原始研究的开展也比内陆地区早。

此外，在可分析的文献数量中，没有一线的社会工作者和实践者加入循证社会工作研究团队中。此现象说明目前最关注循证社会工作的是研究者，而真正参与社会工作的实践者及管理人员关注较少，这可能是导致循证社会工作文献总体较少的原因，同时也可以一定程度上解释原始研究数量有限的情况：第一，由研究者主导过分重视“证据”的客观性，缺乏社会工作者的批判性思考；第二，忽视实践过程的不确定性，模式容易生搬硬套；第三，对专业价值与伦理的冲突，反而让社会工作者迷失方向；第四，加重工作人员的负担，很难被认可并接受①。有研究分析，相关高质量证据不多，实践者的培训、教育也跟不上循证社会工作理念的发展，即便是已完成的原始研究，其结果也存在局限性。以上现象都可能导致研究与实践分离，研究者的文献成果并不会真正被相关领域的决策者和实施者关注到。因此，在社会工作中，我们需要充分考虑服务对象的独特性、风险-效益、成本-效益等②。

从上述讨论中可以看出，循证社会工作在国内的发展主要存在以下三类问题：一是循证社会工作局限于理论层面，实践者和管理阶层对循证理念和方法在现实工作中的应用仍不了解；二是全国范围内循证社会工作由于经济文化和地域状况的差异表现出区域不平衡的现象，沿海发达地区的理论体系较内陆先进；三是循证社会工作的本土化道路坎坷，社会工作领域内未形成系统的循证方法体系。而造成这些问题的原因主要归纳为以下四点：第一，研究者和实践者、管理者之间缺乏信息交互；第二，各地区、研究人员和机构之间缺乏交流；第三，政府支持力度和宣传力度不够，导致很多实践者和管理人员对循证社会工作只是一知半解，没有深入了解证据的科学性和方法的优越性；第四，我国社会工作教师大多非科班出身，既缺乏社会工作专业理论知识，又缺少相应的实践经验。在循证理念的掌握以及方法的应用方面存在一定困难，导致我国循证社会工作传播和发展滞后的情况。

五、我国循证社会工作面临的挑战和发展策略

（一）面临的挑战

过往，社会工作者主要依靠同事、专家和上级的建议，或者根据个人

① 李树文．以证据为本的社会工作实践模式的反思——对几个社会服务项目的研究［J］．理论界，2014（1）：72-75.

② 杨文登．社会工作的循证实践：西方社会工作发展的新方向［J］．广州大学学报（社会科学版），2014，13（2）：50-59.

经验、相关学说或权威文章从事相关工作。但随着时代的进步，面临的社会问题越来越复杂，科学证据在日常社会工作实践和决策实施中占据更大的比重，这无疑会提高行业的效力和可信度，也有助于从业者实现他们的道德义务。国外学者早已提出了循证理念和方法是社会工作进入新时代的信号，开始重视将循证从一个抽象概念转化到日常社会工作中[①]。中国作为一个发展中的人口大国，社会工作事业起步晚、发展缓，现状错综复杂，有极大的发展改进空间，而引入循证理念及方法，既能促进中国社会工作事业向规范化和科学化发展，又可为循证方法提供一个更大的舞台，使其在社会科学领域继续发挥理论上的优越性以及实践中的指导作用。

但在循证社会工作本土化的进程中，社会工作界同样面临着一些挑战，针对这些现存问题，各方应当协同起来完善循证理念和方法在社会工作领域的应用。在这里向研究者、实践者及管理人员提出以下几点建议：第一，理念转换：实践者必须接受并认识到个人经验在未来的日常工作中存在局限性，必须尽可能应用和想办法创造科学的证据，减轻工作负担，更好地进行服务工作。第二，方法转换：对于现阶段苦苦追求社会认同和长效发展的社会工作而言，科学为本的循证实践无疑是高度适切的，也是值得借鉴和推广的[②]。应促使 Cochrane 和 Campbell 有关社会服务领域的系统评价方法让更多人接受，从而进行更多高质量的研究。第三，服务团队建设：如何在非临床领域建立目标明确、跨学科的稳定的研究和实践团队呢？在具体的案例下，进行方法学培训和循证实践培训，帮助相关人员解决实际问题是必要的[③]。第四，监管力度：要求管理者能够推动相关证据的使用，提高决策的科学性。

通过对目前国内循证理念和方法在社会工作领域的应用现状分析，不难发现，循证社会工作作为一种多领域、跨学科的存在，其本土化进程面

---

① Gray, M., D. Plath and S. A. Webb. Evidence - based Social Work: A critical stance. Routledge, 2009.

② 彭少峰，张昱．循证社会工作的本土模式、实践限度和可能价值［J］．学习与实践，2015（2）．

③ 拜争刚，刘少堃，常健博，赵坤，李惠菊，Haluk，SOYDAN，杨克虎．中国儿童与老年健康证据转化平台的构建与应用［J］．转化医学杂志，2015（3）：154-160.

临挑战的同时也处处都是机遇。因为我国循证社会工作起步晚、资源少，为应对目前非专业主导、模式应用不足的现状，要求研究者、实践者和管理者共同努力，建立完善的方法学体系并尽可能地应用现有证据开展社会工作。循证社会工作是重新激发我国社会工作发展潜能的一把钥匙，本文为未来循证理念和方法在社会工作中如何更好应用提出了意见和指导。我们相信，随着循证理念和方法在我国社会科学领域的深化，循证社会工作将为中国社会工作的发展开启新的大门，以应对未来更复杂多样的社会问题。

（二）发展策略

要想解决中国社会工作领域中存在的上述问题，推动循证社会工作在实践中的快速发展，有必要从以下三点改进发展策略。

1. 倡导多方合作

大力倡导政府支持，提高储备基金，动员研究者探索循证社会工作本土化道路，使循证理念扎根于社会工作实践中，推动完整系统方法学体系的形成；倡导基于证据的实践、基于证据的决策、基于实践的研究，将研究、决策和实践结合起来，相互转化，推动社会工作的专业知识积累化、决策科学透明化、服务有效专业化。

2. 联通教育与实践

扩大宣传力度，通过专门教育、培训等方式，帮助社会工作者清楚认识循证方法，提供最佳证据在工作中的使用，帮助解决疑难问题，丰富循证社会工作的实际操作经验；由于当前主要社会工作决策者、研究者和实践者实施循证实践有困难，需要在 MSW 课程中贯穿循证实践课程学习，将其理念应用到社会工作决策、管理、实践和研究中，同时在社会工作继续教育中继续推广循证实践，只有这样才可以更好地推动社会工作的专业化发展。

3. 推动地区合作和不同层级对话

推动地区、机构和人员之间的合作交流。鉴于我国地理情况和经济发展布局，可以考虑从沿海发达地区向内陆研究机构逐步推进，首先引进研究方法，其次通过研究带动实践。此外，要不断地与决策者沟通和对话，明白决策需求，从而为决策提供研究证据，推动循证决策发展。

总之，研究者和决策者应铭记在社会工作中引入循证的理念和方法，有助于提高我国社会工作科学化和专业化发展，具体通过以下五方面得以实现：一是提升社会工作理论与方法的有效性显示度，进而提高决策的质量；二是让服务对象参与相关服务方案的设计及政策制定的过程，使得最终制订的服务方案能充分涵括服务对象的价值观和期望；三是使现有最佳证据能被更好地应用于社会工作实践，避开了主观独断的做法；四是保证了社会工作实践的专业性与透明度，最大限度地填补了研究和实践之间的差距；五是社会工作作为一门学科和专业需要构建自身的理论和专业知识积累，循证社会工作理念和方法有助于社会工作专业化和科学化发展。时代的进步导致社会问题的复杂化和以服务对象为中心的服务模式转变，在日常社会工作实践和相关决策的实施中将越来越重视科学证据和服务对象价值，只有这样才可以保证我们在用正确的方法做正确的事情。世界范围内社会工作教育和实践已经进入循证实践范式，虽然我国的循证社会工作起步晚、基础薄，但国内已经认识到循证社会工作的重要性并已经初步具备发展的土壤。我们相信循证实践的理念和方法一定会推动我国社会工作科学化和专业化的发展。

The Emergence, Present Situation, Challenge and Development of Evidence-based Social Work

Bai Zhenggang, Liu Mina, Zhang Shu

Abstract: With China's economic development and the improvement of people's living standards, the gap between the rich and the poor and other social problems continue to emerge。So the government train professional social workers gradually and vigorously. China's social work education was restored and rebuilt after 1987, and has been booming since 2006, producing 20,000 to 30,000 graduates every year. How to ensure the increase of the number of social workers at the same time to make it a scientific and professional discipline is the biggest challenge at present. The concept of evidence-based practice was put forward in 1992, introduced into the field of social work in 1999, and into the field of social work in China in 2004. It has become the mainstream direction of social work in the west in the past 25 years. However, the development of evidence-based social work in China is still in its early stage. In order to make more domestic researchers and policy makers understanding and applying the best available evidence to promote the professional and scientific development of social work in China, this study systematically analyzed the emergence, current situation and specific challenges of evidence-based social work, and proposed corresponding development strategies.

Keywords: Evidence-Based, Evidence-Based Social Work, Systematic Review

中国社会工作学刊　第二辑
第 66~86 页

金融社会工作：社会金融化下专业社会工作新作为

方　舒　黄　进*

【摘要】金融社会工作是近十年来国际社会工作新兴的专业领域之一，是应对现代社会日益金融化及其金融风险和金融脆弱性的一系列后果而形成的。遵循社会工作“人在情境中”视角，金融社会工作围绕金融能力的核心概念，从个人、家庭、社区等主体能力建设到（金融）机构、市场和政府等层面政策倡导，综合运用教育、咨询、实训、治疗和赋权等手法，在多个领域实现主体的金融福祉。具有完整知识体系的金融社会工作，在我国的本土发展必将大有可为。

关键词：金融社会工作　社会金融化　金融赋能　本土发展

当今社会是一个高度金融化的环境系统，民生福祉方方面面都离不开金融与钱财的支持。然而很多现实案例显示，社会金融化叠加金融网络化也带来了一系列的金融风险，同时也可能造成经济弱势人群的金融脆弱性和金融排斥。金融社会工作直面社会公众尤其是社会困难群体的钱财议题，在专业社会工作领域形成了独特的知识框架和实务手法，从增进个体金融知识与技能的微观介入到倡导可及性金融机会的宏观政策两个层面，

* 方舒，中央财经大学社会与心理学院副教授；黄进，美国圣路易斯大学社会工作学院/美国圣路易斯华盛顿大学布朗学院教授/客座教授。

致力于协助个人、家庭、社区和组织抵御金融风险、缓解金融脆弱性，提升人们的金融福祉。本文是在社会金融化宏观背景分析基础上，梳理和总结金融社会工作的理论来源与专业体系，并结合我国经济社会发展要求讨论金融社会工作本土人才培养的问题，希冀对我国金融社会工作的长远发展提供一定的借鉴。

一、社会金融化及其后果的现代治理

（一）发展金融社会工作是美好社会建设的必然要求

金融、财务与资产往往与人们的经济福祉紧密联系在一起，可以说是影响民生福祉的主要维度。美国学者迈克尔·谢若登在其经典之作《资产与穷人》一书中就曾建构出一整套的“资产性福利”的框架，并详细论述了个人与家庭资产可能产生的身心健康、家庭关系和谐、子女人力资本发展等九大福利效应①，而钱财议题对贫困人群等特殊社会群体来说更是意味深长的内容。在现代社会，钱财的合理支配需要完备的金融服务（体系），而且这种需求日益明显，即“社会金融化”。社会金融化是当今社会一个全新变迁进程，意味着金融服务在人们的生活世界发挥着日益重要的角色，民生福祉也日益离不开金融服务系统，甚至金融福祉日益成为当今社会民生福祉的重要维度。美国消费者保护局给出“金融福祉”的操作化界定，主要包含“控制日常财务及开支、有能力消化经济震动、有计划地实现金融目标、选择美好生活的金融自由”②。可见从金融维度看待民生福祉是透视社会金融化的重要视野。

然而，社会金融化是一把“双刃剑”，尤其是当金融服务“插上了互联网的翅膀”，一方面对民生福祉的提升扮演了重要角色，如手机支付、互联网信贷等金融手段让公众生活变得极为便利；另一方面随着系统的金融服务和金融体系深入人们的日常生活，一旦个体的金融能力、可及的金融机会不足，社会金融化和金融网络化也会带来一系列的社会（金融）风

① 迈克尔·谢若登．资产与穷人［M］．高建国，译．北京：商务印书馆，2007.

② Margaret Sherraden，Julie Birkenmaier and J. Michael Collins. Financial Capability and Asset Building in Vulnerable Households：Theory and Practice［M］. Oxford University Press，2018：5.

险，如金融诈骗、P2P 爆雷和非法集资等往往就披着互联网金融的“外衣”行违法犯罪“之实”。美国学者玛格丽特·谢若登（Margaret Sherraden）指出，现代社会人们面对日常生活中复杂的钱财议题，处理起来往往力不从心。她梳理了现代社会公众主要面临的三大金融难题：一是日常生活中的金融决策日益复杂，二是作出正确和合理的金融决策所需能力越来越高，三是人们在日常生活和成长发展中很难获得与现实需求相匹配的金融（财务）能力①。

从社会工作“人在情境中”的基本视角出发，在当前社会金融化和金融网络化日益加深的宏阔背景下，人们往往以“一己之力”面对整个纷繁复杂的金融（和生活）环境，极易出现个人金融（财务）能力无法理解、适应金融环境的问题，同时由于传统商业性金融服务和金融机构根本上是以营利为目的，其门槛入口更可能是中高收入群体，因而也容易出现中低收入人群尤其是社会困难群体所处的金融环境未能很好地为他们的福祉提升提供合适服务机会的情况，最终出现个体金融能力与宏观金融环境非适恰的困局，亟须专业手法加以缓解和疏通。所以为适应美好生活建设，加强对社会金融化风险的治理，金融社会工作坚持需求为本、问题为本的专业“初心”，积极应对社会金融化和金融网络化所带来一系列社会风险。

（二）金融社会工作的理论来源

资产为本社会政策的提出及其项目实践成为金融社会工作的重要理论来源。20 世纪 90 年代初，美国著名社会政策学家迈克尔·谢若登（Michael Sherraden）在反思传统的以收入为本的福利政策时，提出“资产建设”理论范式。他主张：要使穷人摆脱贫困，仅仅依靠收入补贴是不够的，而建立稳定的资产账户并促其实施长期储蓄、抵御波动的收入风险才是消除贫困、获得长远发展的有效途径。其后，谢若登教授及其团队领导实施了一系列面向个体和家庭的普遍的账户制度，包括“个人发展账户”（IDA）和“儿童发展账户”（CDA）等。

① Sherraden, M. and Grinstein-Weiss, M. “Creating Financial Capability in the Next Generation: An Introduction to the Special Issue”［J］. The Journal of Consumer Affairs, Spring 2015: 1 - 12.

政策实践中对个体金融能力重要性的发觉是金融社会工作理论演进的重要环节。近30年来，资产建设政策实践在全球范围内逐渐兴起，从美国本土到北美的加拿大，从英国、澳大利亚，到亚洲的新加坡和韩国，很多国家都先后颁布和实施了普惠性个人账户制度。例如，谢若登及其团队在美国俄亥俄州面向新生儿实施的“儿童发展账户”项目（SEEDOK），就是一种专门为儿童未来教育与长期发展创建的储蓄和投资账户。该账户使用必须符合儿童长期发展需求，比如支付大学教育费用、购房及创业所需①。从国外资产建设政策实践中可以发现，各国政府对提出资产建设相关政策和制定政策实践机制积极性很高。但相关研究也证实，如要实现反贫困政策现实有效，不仅要从政策层面予以支持，对政策对象来说还必须具备一定的金融能力。仍以美国SEEDOK儿童发展账户项目为例，研究表明：参与儿童发展账户对家庭父母在账户储蓄积累、财务管理行为、未来眼光和内在信心等方面都有积极影响②。可见，个人对钱财的认知、能力和态度与其资产发展有着深刻的关联。

金融能力与资产建设两个概念的提出，标志着金融社会工作基本理论框架的形成。近10年来，玛格丽特·谢若登和迈克尔·谢若登夫妇二人创设性提出金融社会工作的核心框架，即金融能力与资产建设（Financial Capability and Asset Building）。金融社会工作视野中的金融能力概念是指，“个体的金融知识技能和理念与他们所能享有的金融服务和金融产品之间互促的一种状态”③。金融能力有两层次的含义：微观层面上指的是个体的金融素养，主要包括个体和家庭的金融知识和技能，宏观层面上指的是普惠金融机会，具体是比传统金融服务更易获得的金融产品与服务，其中资

① Beverly S G, Elliott W and Sherraden M. “Child Development Accounts and college success: Accounts, assets, expectations and achievements”, CSD Perspective 13-27. St. Louis, MO: Washington University, Center for Social Development, 2013.

② Jin Huang, Yunju Nam and Margaret Sherraden. “Financial Knowledge and Child Development Account Policy: A Test of Financial Capability” [J]. The Journal of Consumer Affairs, Spring2013: 1-26.

③ Sherraden, M., Huang, J. et al. “Financial capability and asset building for all”, Grand Challenges for Social Work Initiative Working Paper No. 13. Washington, DC: American Academy of Social Work & Social Welfare, October, 2015.

产建设就属于普惠性、社会化的福利政策项目。

概念的形成促进了金融社会工作实践的发展。现代社会的金融化发展以及金融社会的高流动性、高市场化以及高博弈风险，意味着金融能力成为个人在社会金融化下实现美好生活的基本素养。但金融能力必须和可及金融服务结合起来，否则很多与人们相关的社会功能将会变得低效甚至无法实现，最终将严重影响个体和家庭的经济福祉。在金融社会工作的框架下，社会工作者能够提供最贴近生活的金融服务平台与金融相关服务，并且把这种金融服务与社会工作的专业内容进行有机结合，从而可以增进服务对象的生活福祉和美好目标。

（三）金融社会工作的理论框架

金融社会工作是专业社会工作和金融服务的一个结合。英文“Financial”比其中文“金融”含义更广泛，指一切和钱有关的活动和内容，不仅局限于金融产品和服务。2015 年，美国社会工作学部委员会将其列为未来美国社会和社会工作专业面临的十二大挑战之一[①]。金融社会工作是指通过改善个体和家庭的金融能力来帮助他们实现经济利益，并进而促进个体和家庭全面福祉（包括非经济的福祉，例如身心健康、家庭幸福和长远发展等）。更为具体地，金融社会工作主要通过两种途径来改善个体的金融能力：一是通过政策和结构改革实现普惠金融（Financial Inclusion），二是通过多样化微观服务改进个体的金融知识和技能（Financial Knowledge and Skills），二者互相推动和促进，不可分离。

上述金融社会工作的核心概念“金融能力”，代表了现代社会中个体具有的管理金融和经济资源的知识与技能，通过社会提供的、合适的金融服务使用这些知识和技能，达到保证个体经济安全，实现个体经济福利的目的，所以金融能力包括了金融知识与技能和金融服务机会两个基本要件[②]。金融能力契合了社会工作专业强调个人与社会互动整合的核心视域。

---

① 常莉，周晓春，吴世友．美国社会工作之“大挑战”的解读与启示［J］．社会建设，2018（5）：55-64.

② Margaret Sherraden, Julie Birkenmaier and J. Michael Collins. Financial Capability and Asset Building in Vulnerable Households: Theory and Practice［M］. Oxford University Press, 2018: 7.

也就是说，金融社会工作既强调个人的金融能力，又强调由外界提供的金融机会，实现个人福祉不仅取决于个人在金融方面的知识与技能，也取决于社会提供的基本公共金融服务。金融能力概念和金融社会工作的发展充分体现了个体功能与所处环境的交互作用，在获得有效金融机会条件下必要的个人金融能力是实现公众金融福祉的有效途径；同时也体现了“社会福利”到“社会投资”的范式转变，把社会福利和经济发展紧密地联系起来。

金融能力已经成为现代社会个人实现全面发展和全面福祉的核心能力之一。现代社会中金融服务与社会服务高度融合，一个现实原因是个体生活的方方面面都已高度金融化，科学技术的进步加快了这种金融化的步伐，从而使那些不能够享有主流的和合适的金融服务的人群——不管他们是因为自身知识技能欠缺还是因为金融服务市场排斥——失去了发展的机会，也失去了共享社会进步、实现美好生活的可能。例如，没有智能手机和网上支付工具的个体可能在日常的各种服务中遭遇各种不便；没有征信信息的个体可能会在获得金融资金上面临挑战；无法使用金融投资系统的个体和家庭长远来看可能更难以享受社会经济的发展等。

金融社会工作最基本的使命是全面帮助弱势群体改善他们和金融体系之间的互动，其服务范围是广泛的。例如，美国的金融社会工作包括宏观、中观和微观三个层面，每个层面又可包括改进金融服务包容性及改善个体金融知识和技能两种策略。宏观层面，美国政府近年出台的低收入个人年金账户制度和残疾个体投资储蓄账户制度，都是由公共部门制定、金融部门执行的金融产品，它们改善了金融服务的包容性；同时在这些领域，社会工作者通过教育和培训，帮助弱势群体理解这些金融产品对他们经济福祉改善的作用，进一步完善了他们的金融知识和技能。中观层面，美国社会工作服务机构把金融服务机构请到机构中来，为他们的服务对象提供社会服务的同时提供金融服务，实现双重服务的整合；也可以在他们常规社会干预中增设金融教育和培训模块来改善金融知识和技能。微观层面，金融治疗已成为一门相对独立的临床干预方法，用来辅导和治疗钱财引起的精神或药物依赖问题，如赌博成瘾等。从长远看，多层面服务将来会进一步系统化，进一步整合，形成重要的社会工作实务领域。

二、金融社会工作理论发展过程

上述金融社会工作的界定是建立在美国金融社会工作的理论、实践和研究的基础之上的。目前，关于金融社会工作定义的文献仍然有限，对金融社会工作的定义大致经历了从一个狭义的医疗模式向一个综合的社会模式发展的过程。

（一）医疗临床模式的金融社会工作

金融社会工作的名词最早由美国社会工作者 Reeta Wolfsohn 在 2003 年提出[①]。Wolfsohn 对于金融社会工作的定义是建立在医疗临床模式之上的，局限在一个狭义的、微观的和临床实践的范围之内，特指社会工作者帮助服务对象改善金融素养和金融行为的服务（比如金融诊疗，financial therapy）。虽然都用同一个名词，但现今金融社会工作的定义远远超过了她所建议的金融社会工作的范畴。

在 Wolfsohn 看来，金融能力就是个人的金融行为，个人的金融行为就是金融能力[②]。个人的金融行为受到不同因素的影响，包括家庭背景、个人金融社会化的过程、伙伴效应、媒体报道、市场影响、消费文化和社会情绪、自我价值、个人对金钱和消费的心理感受、炫耀性消费等。但是社会性、结构性、政策性的因素，例如种族、阶层等（它们对个体和家庭的金融机会的塑造，对弱势群体的不平等的歧视和剥夺）没有包括在这个定义中。因此，它忽略了社会环境因素的影响以及个人行为与金融机会之间的重要互动。正如 Wolfsohn 所阐述的，“金融福祉是个人的责任”[③]。从这个角度，实现个体和家庭福祉主要依靠个人和家庭的努力，主要通过改变个体和家庭的金融行为；而社会工作者所能做的，是在既定社会环境和社

① Wolfsohn, R. “Financial social work” . In E. F. Hoffler & E. J. Clark (Eds.), Social Work Matters: Power of Linking Policy and Practice. Washington, DC: NASW Press, 2012: 219 - 223.

② Wolfsohn, R., Michaeli, D. “Financial capability” . In C. Franklin (Ed.), Encyclopedia of Social Work. New York: National Association of Social Workers Press and Oxford University Press, 2014.

③ Wolfsohn, R., Michaeli, D. “Financial capability” . In C. Franklin (Ed.), Encyclopedia of Social Work. New York: National Association of Social Workers Press and Oxford University Press, 2014.

会工作服务场域，通过金融咨询等方法，帮助服务对象改变金融意识、情感、态度、知识和行为。

医疗临床模式的定义确定了一个改善个体和家庭金融福祉的重要因素。但是沿着美国社会工作微观和诊疗的专业路径，它局限于一个以改造个体和家庭行为为主的发展方向，和社会工作强调“人在情境中”的理念有一定出入，和美国社会工作的历史经验也有一定的背离。例如，在美国社会福利政策与社会工作的历史进程中，1930 年代的大萧条和经济危机，就使整个社会认识到：把个体和家庭的经济金融困顿完全归咎于个人行为与责任是不正确的。忽略社会环境和社会机制给个体和家庭的金融福祉造成的侵蚀或压迫，忽略外部机会和个人金融行为的互动，忽略社会工作在改善外部机会中的巨大潜力，金融社会工作在改善个人和家庭的金融福祉上行之不远。假如在 1930 年代美国大萧条和经济危机（或者任何一个社会的经济、金融危机）中，社会工作者希望通过金融教育和咨询方法改变个体和家庭的金融行为，缓解乃至抵消因为大萧条而导致的家庭金融困顿，这样的金融社会工作实践效果可能非常有限，而且如果过于绝对化，还面临着“责备受害者”的价值困难。

因此，在金融社会工作的发展进程中，这种医疗模式的服务已经被整合成为综合的社会模式的金融社会工作定义的一个部分。

（二）社会模式的金融社会工作

区别于医疗模式，现今金融社会工作的定义是综合性的、基于社会模式的思考。除了充分认识到金融社会工作在完善服务对象的金融知识、技能、素养和态度的重要作用之外，基于社会模式的金融社会工作强调社会工作服务增加服务对象接受金融服务的机会、实现普惠金融的潜力，还强调通过金融机会和金融技能的充分互动帮助服务对象实现有益的金融决策和行动。遵循社会工作“人在情境中”的理念，金融社会工作强调这三个策略的互动和互相支撑，并不只单向地聚焦于改变服务对象的金融知识和技能。

如前所述，社会模式的金融社会工作可追溯到 1990 年代初迈克尔·谢若登对资产建设社会政策和服务的倡导①。贫困人口在现有的社会、市场和政策环境中缺乏政策支持的、为长期经济发展积累财富的金融机会，因此他们需要制度性的资产建设社会政策创造积累财富的金融机会。这些新的帮助穷人积累资产的政策，需要精心设计各个组成部分，确保目标明确、信息流畅、产品适宜、激励完善，从而消除穷人积累资产的制度障碍。进一步地，在资产建设的项目设计上，可以开展金融知识和技能的培训，使政策提供的机会和个人的金融技能相互促进，使政策成为个人运用他们金融知识和技能的平台。资产建设政策的倡导、设计和实施是社会模式金融社会工作的典型案例，展现了专业社会工作可以创造金融机会（资产建设的新政策），改善个体和家庭的金融知识和技能（资产建设政策中包含的金融培训），通过整合机会和技能促进金融能力、改善金融福祉（资产建设）等一系列作用。资产建设社会政策的本质是社会模式的金融社会工作，是增加和改善个体和家庭的金融发展机会②。

资产建设政策的实践，推动了美国社会工作对金融能力概念的思考，超越了医疗模式对金融能力就是个人行为和责任的判断。据此社会工作者认为，金融能力是在金融机会和金融技能整合的基础上，展现出来的正确的金融决策和有益的金融行动。金融能力的这个界定，不仅和社会工作"人在情境中"的理念高度契合，和经济学家阿马蒂亚·森关于"可行能力"的界定也一致，成为社会工作独特的金融能力观。对金融能力的界定，在 2007 年由玛格丽特·谢若登提出并在 2013 年进一步具体阐述之后③，成为基于社会模式的金融社会工作的最重要的概念之一。正是由于上述的学术发展渊源，美国金融社会工作实践的一个重要理论框架就是金

① Sherraden, M., Johnson, L. et al. "Asset building toward inclusive policy". In C. Franklin (Ed.), Encyclopedia of Social Work. New York: National Association of Social Workers Press and Oxford University Press, 2013.

② Sherraden, M., Huang, J. "Financial social work". In C. Franklin (Ed.), Encyclopedia of Social Work. New York: National Association of Social Workers Press and Oxford University Press, 2019.

③ Sherraden, M. "Building blocks of financial capability". In J. Birkenmaier, M. Sherraden, J. Curley (Eds.), Financial education and capability: Research, education, policy, and practice. New York: Oxford University Press, 2013: 3-43.

融能力与资产建设①。

此外，牛津社会工作大百科全书“金融社会工作”词条（2019 更新版）阐述了基于社会模式的金融社会工作，包括金融社会工作的定义、内涵、理论、宏微观实务模式②，也追溯了美国社会工作早期对经济（贫困）议题介入的传统。当社会工作职业初创于美国时，社会工作者就帮助家庭推动家计金融稳定，并为制定社会工作的干预服务收集家计金融数据。与家庭经济学一起，社会工作发展出了使用科学方法来改善家庭金融福祉的理念和工作方式。早期社会工作者也大量参与了“罗斯福新政”中关于家庭经济、金融福祉政策的基础工作，成为推动公平劳工法案、最低工资制度、失业保障和社会救助等社会政策发展的重要力量。同时，社会工作者也把社会福利的收入补助政策（比如家庭津贴制度和收入赋税制等）和宏观的社会经济发展相联系，强调从宏观到微观，全方位、系统性地增进家庭金融福祉的策略。美国金融社会工作过去 20 年的发展，是对早期传统的再回归和制度升华。

三、金融社会工作的专业框架

（一）金融社会工作的本质特征

金融社会工作涉及金融、社会和社会工作三大领域，直接指向的是社会工作服务体系、金融服务体系和日常生活世界。社会工作是现代社会一项重要的专业助人事业，拥有一套完整的知识体系，包括理论、方法和技巧，社会工作的本质特征是社会性、福利性③。因此，金融社会工作秉持“人在情境中”的系统论观点，致力于社会化、福利性的服务，协助个人、家庭、群体、组织、社区和政府，共同处理涉及人的生活福祉方方面面的

---

① Sherraden, M., Huang, J. et al. “Financial capability and asset building for all”. Grand Challenges for Social Work Initiative Working Paper No. 13. Washington, DC: American Academy of Social Work & Social Welfare, October 2015.

② Sherraden, M., Huang, J. “Financial social work”. In C. Franklin (Ed.), Encyclopedia of Social Work. New York: National Association of Social Workers Press and Oxford University Press, 2019.

③ 方舒．论社会工作与社会管理的交互机理——从社会工作的本质属性谈起［J］．社会科学，2013（5）：78-86.

钱财议题。金融服务是现代社会体系中一个重要的环节，其本质特征是典型的商业化逻辑，为有一定资产、财富的中高收入人群提供有偿的处理钱财方面的服务，主要是以逐利为动机的营利性服务，是私人性、商业化的系统。日常生活世界是个人每天生活于其中并持续感知的生活范围，按照现象学社会学创始人舒茨的观点，“人们在其中生存并进行各种日常活动的具体社会环境——在这个环境中，人们彼此进行沟通、彼此达成协议、彼此影响”①，是一个包含人所牵连的种种日常事务的总和的范畴。

如果从金融服务、社会工作、日常生活三个向度去划分，就会发现金融社会工作恰好是三个向度交织重合的部分（见图 1 中第 4 板块）。如图 1 所示，社会工作与金融服务二者都与人们的日常生活世界产生紧密联系和复杂交织，不同的是前者提供的是社会化、公共性的福利服务，后者提供的是私人化、商业性的市场服务，同时社会工作与金融服务在实际中也会产生直接联系。所以这三者的交互关系显示了金融社会工作独特的本质。

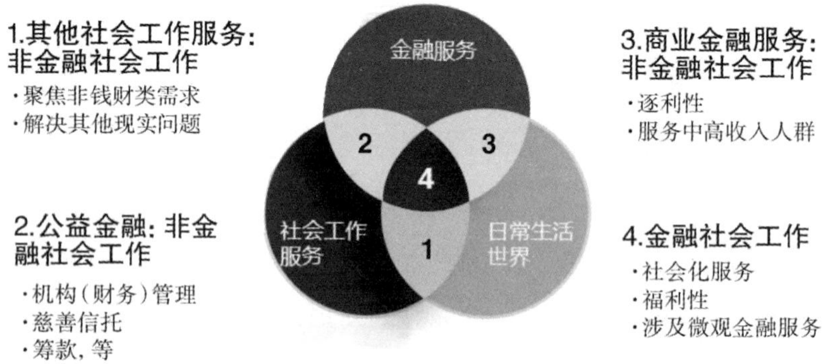

图 1　金融社会工作的三个向度

第一，从社会工作与日常生活世界的交互关系来看，二者重合的部分需要分为两部分来看。一方面是社会工作介入服务对象日常生活中非钱财方面的事务（见图 1 中第 1 板块），比如单纯的精神健康、行为偏差、生

① 何林．许茨的生活世界理论及其当代意义［J］．辽宁大学学报（哲学社会科学版），2010（6）：35-42.

活照料或亲子关系等；另一方面是社会工作介入与服务对象生活中钱财有关的议题（见图 1 中第 4 板块），比如贫困、教育、退休和金融保护等。如果就这两部分来说，前者并不是金融社会工作的范畴，只有后者才属于金融社会工作的领域。

第二，从社会工作与金融服务的交互关系来看，二者重合部分也需要分为两部分。一方面，社会工作专业服务需要金融系统的支持（见图 1 中第 2 板块），如项目筹资、慈善信托、财务管理等；另一方面，当专业社会工作干预服务对象的钱财事务时，也需要与金融服务机构开展合作（见图 1 中第 4 板块），比如某些防范金融诈骗的讲座、普惠金融机会的提供、金融扶贫活动等。如果就这两部分来说，前者并不是金融社会工作的范畴，只有后者才属于金融社会工作的领域。

第三，从金融服务与日常生活的交互关系来看，在现代社会，金融服务已然成为人们日常生活中不可或缺的服务，从储蓄、理财、投资等传统金融服务到微信、支付宝等互联网支付方式，金融服务方式日益多样化，在人们日常生活中的地位也日益凸显。金融服务体系与日常生活世界的重合部分，仍需分为两个部分：一方面，是完全商业化的金融服务，包括储蓄、理财、保险、投资等业务，具有逐利性、遵循市场平等交易规则和主要面向中高收入人群的特征，但这部分的服务（见图 1 中第 3 板块）并不是金融社会工作的范畴；另一方面，在企业社会责任、普惠金融政策影响下，不少金融机构与公益组织、社会工作服务机构合作，开展公益性、普惠性的金融服务（见图 1 中第 4 板块），则属于金融社会工作的领域。

综上，金融社会工作的本质特征主要有三点：其一，坚持社会工作的福利属性，这与遵循市场化运作规律的商业金融服务划清界限；其二，反映了社会工作的社会化，即面向公众、整合资源，这与个体的日常生活世界完全不同；其三，涉及钱财议题，这与社会工作的其他实务领域有着根本区别。

（二）金融社会工作的实践框架

有学者认为，“关爱服务对象和提供专业化的服务是社会工作的核心要求，人与环境的互动是社会工作的基本逻辑框架。”① 以这一准则考察，可以说金融社会工作既坚持了社会工作的专业特性，又积极介入服务对象与钱财有关的议题，通过专业性服务，协调和促进个体与所处金融环境之间的良好关系。

现代社会也存在着比较普遍的金融失能（Financial Dysfunction）和金融脆弱性现象，金融失能强调个体因金融素养不足而难以处理自身的金融事项，而金融脆弱性是指当金融环境挑战越来越高而个人无力抵御②。二者均指涉个体对所处金融环境关系不适应。目前，金融系统在现代社会生活中越来越重要，日益体现了金融与社会的共生互构关系，即社会金融化进程③。然而在金融与社会深度融合的当今社会仍然充斥着诸多金融性、社会性的风险，同时也逐渐显现出社会群体的金融脆弱性及其各类金融需求。所以面对金融失能和金融脆弱性，金融社会工作秉持“人在情境中”的专业视角，从微观个体、系统环境两个层面开展具体实践，致力于促进个体金融素养、宏观金融环境的变迁。

金融赋能（Financial Empowerment）是金融社会工作的实践框架。如前所述，金融社会工作的基本概念是金融能力，包含（金融或其他）行动的能力和（金融或其他）行动的机会，前者是从个体层面说明其具有的金融素养，后者是指系统环境尤其是社会金融环境为个人开放的金融机会④。从社会工作的行动取向视之，对个人来说，个体的（金融）行动的能力亟须加强，同时金融服务环境与机会日益走向更加开放和包容。如图 2 所示，金融赋能是行动能力和行动机会两个维度的协同变迁过程，这就是金融赋能的两个层面意涵。

---

① 童敏．社会工作本质的百年探寻与实践［J］．厦门大学学报（哲学社会科学版），2009（5）：60-67.

② Margaret Sherraden，Julie Birkenmaier and J. Michael Collins. Financial Capability and Asset Building in Vulnerable Households：Theory and Practice［M］. New York：Oxford University Press，2018：15.

③ 邹力行．金融社会化与社会金融化［J］．科学决策，2011（3）：13-23.

④ Sherraden，M.，Huang，J. et al. “Financial capability and asset building for all”，Grand Challenges for Social Work Initiative Working Paper No. 13. Washington，DC：American Academy of Social Work & Social Welfare，October 2015.

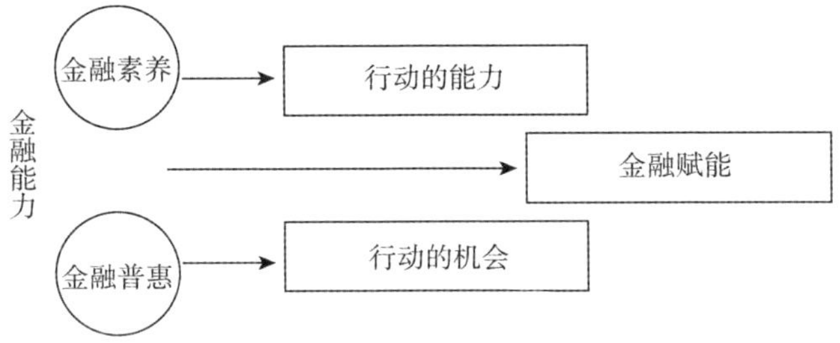

图 2　金融赋能的概念示意图

金融赋能的两个向度构成了金融社会工作的基本实践框架。一方面，金融社会工作致力于提升个体的金融素养。金融素养是一个人为作出良好金融决策所应具备的知识、技能和信心的统称①。对个体来说，金融素养充分形成需要一个较长的金融社会化过程，个体从婴幼儿阶段逐渐学习必需的、关于钱财的“价值、态度、标准、规范、知识和行为”②，以适应其生命历程和社会生活中特定事项对金融系统的所需和依赖。但不同人的金融社会化程度是有差异的，这决定了人们金融决策能力有高有低，所以金融赋能实践中主要采取教育、咨询和引导等手法，提升个体的金融素养。另一方面，金融社会工作致力于推动更加开放包容的金融机会。包容与排斥是社会政策领域的概念和议题，社会排斥就包含有经济排斥的维度，在金融领域也存在着排斥现象即金融排斥，主要指个人与金融系统之间关系的疏离，比如中低收入人群往往不被商业性金融机构视为理想服务对象。因此，金融赋能在推进金融系统的包容性、普惠性过程中，更应着力于普惠金融等政策层面和履行社会责任等金融机构层面的发展。

金融赋能通过金融功能化提升个体的金融素养和推动金融服务系统更加开放包容，致力于扭转个体的金融失能和消除其金融脆弱性，推动金融功能正常化，帮助人们实现生活中的金融目标。这即是金融社会工作的实

① Sherraden, M. Building blocks of financial capability. In J. Birkenmaier, M. Sherraden, J. Curley (Eds.), Financial education and capability: Research, education, policy, and practice. New York: Oxford University Press, 2013: 6.

② Sherraden, M. Building blocks of financial capability. In J. Birkenmaier, M. Sherraden, J. Curley (Eds.), Financial education and capability: Research, education, policy, and practice. New York: Oxford University Press, 2013: 8.

践框架。

（三）金融社会工作的服务体系

金融社会工作是社会公众金融福祉的社会化传导机制，就金融和钱财议题处理服务对象与其所处环境的互动关系，规定了金融社会工作的现实切入点就是提升人们的金融福祉。按照美国消费者金融保护局的界定，金融福祉是指应满足当下和持续的金融责任、金融上对未来感到安全、能作出金融决策，进而使人们能够享受生活①。金融福祉的操作化含义有四个方面：一是人们能有效掌控自己的日常财务流水，比如收入和消费的平衡；二是有能力消化金融震动，如借贷的支持；三是有计划满足特定的金融目标，如购房、完成高等教育等；四是自由作出决策实现美好生活，比如有经济实力追求个人兴趣和其他更高目标。提升人们的金融福祉离不开金融社会工作这一特定的社会福利服务体系，这意味着其坚持了社会工作专业性，也表明了其作为金融福利政策体系的传导机制的角色。作为金融福祉社会化传导机制的金融社会工作服务，在服务主体、服务对象、服务议题和服务手法四个方面，都有着自身的构成。这里隐含的基本逻辑是，涉及哪些人群及其需求，满足人群需求的政策职责在哪，才能明确可能有哪些服务主体。

第一，从服务对象来看，金融社会工作往往涉及儿童青少年、老年人、残疾人、贫困人群及遭受家庭暴力的受害者等社会群体，类似还有美国的土著印第安人、边境移民等②。这些人群具有明显的共同特点：一方面面临着更大的金融脆弱性，他们中很大一部分人经济状况较差，在社会上处于弱势地位；另一方面金融失能，他们在处理钱财事务上不具备基本技能和合适的机会，不足以扭转自身的经济和财务状况。

第二，从金融社会工作的服务主体来说，按照公共性与否、市场化与

---

① Margaret Sherraden, Julie Birkenmaier and J. Michael Collins. Financial Capability and Asset Building in Vulnerable Households: Theory and Practice［M］. New York: Oxford University Press, 2018: 5.

② J. Birkenmaier, M. Sherraden, J. Curley. Financial Capability and Asset Development: Research, Education, Policy, and Practice. New York: Oxford University Press, 2013.

否两个维度划分属性，可以认为政府相关部门、银行等金融机构、公益组织、非金融类企业组织是四大类服务主体。如图 3 所示，其一，政府很多部门都涉及人们的金融福祉，如社保、民政、扶贫办等。其二，银行等金融机构也有部分在履行社会责任、响应普惠金融政策背景下，开展公益性金融服务，比如中国人民银行成立金融教育发展基金会、花旗银行全球金融教育、中国建设银行北京分行成立普惠金融教育志愿服务队、中国邮政储蓄银行支农惠农普惠金融项目等。其三，公益组织也有一部分致力于推进金融赋能和资产建设，比如国际“小母牛”组织反贫困项目、中国扶贫基金会“中和农信”项目、中国消费者协会消费保护项目等。其四，非金融类企业，尤其在我国当前脱贫攻坚决胜阶段，也积极参与到金融扶贫、产业扶贫中去。

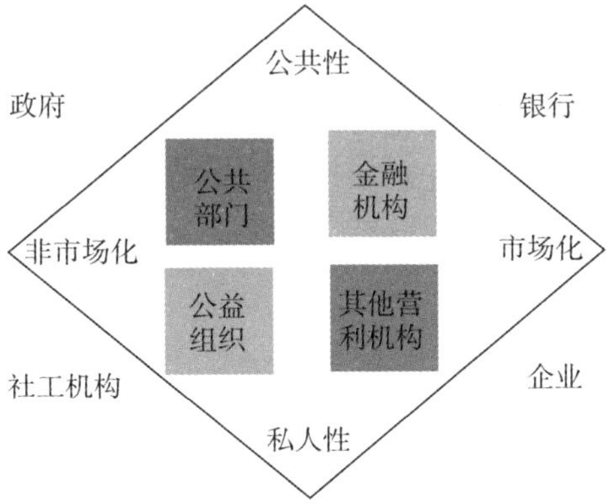

图 3　金融社会工作的服务主体构成

第三，从服务手法来看，目前已经形成了较为一致的看法。金融社会工作具体包含有金融教育、金融咨询、金融训练、金融治疗、资产建设五大形式。其中，金融教育是个体顺利完成金融社会化的重要手段，有不少研究已经证实，接受金融教育的群体其金融方面的知识、行为和态度以及其金融福祉均能有较大的提升①。金融咨询、金融训练和金融治疗主要围绕个人和家庭的财务管理、消费与信贷、金融危机事件等，接受服务对象

① Sherraden, M. and Grinstein-Weiss, M. Creating Financial Capability In the Next Generation: An Introduction to the Special Issue [J] . The Journal of Consumer Affairs, Spring 2015: 1-12.

常规的咨询和必要时的干预治疗。尤其金融治疗是国际上新兴的一种专门针对服务对象钱财问题及其衍生问题，比如赌博、非理性消费等而发展出的一套临床干预方法①。资产建设是一整套社会福利政策实践。值得一提的是，金融社会工作上述五大类干预手法只是一种大致的分类法，在实际操作过程中，针对不同服务对象、服务议题，这些形式肯定会有相互交织和重叠的情况。

综上，金融社会工作坚持社会工作专业性，形成了自身独特的服务体系，包括服务对象、服务议题、服务主体和服务手法四大要素，并都已发展出了内容丰富、逻辑完整的体系。

四、金融社会工作教育的本土发展

（一）发展金融社会工作教育的本土意义

目前在中国，许多金融社会工作的领域是空白，即使已有相关服务也未被系统归纳在金融社会工作之下。发展专业社会工作的关键在于教育的发展，所以发展中国特色金融社会工作教育是迫切而重要的工作。第一，随着金融服务和科技的高速发展，不管是主动还是被动，不管是弱势人群还是非弱势人群，生活各方面都受到这些服务和科技的影响。不改善这些服务的包容度，不改善个体的金融能力，就会极大地影响他们的生活质量。第二，也是由于金融服务和科技的高速发展，社会公众对金融服务的需求也极大提高，当前在普惠金融政策影响下，金融部门开始重视弱势人群的需求，需要金融社会工作承担桥梁作用。第三，传统金融体系对弱势和非弱势人群所表现出的不同包容度恰恰是不平衡、不充分发展的体现，金融社会工作服务是消除这种不平衡、不充分的重要力量。例如，在精准扶贫的过程中，许多金融机构也积极参与，但在金融服务中缺乏对贫困人群的了解，因而导致有些举措不能真正满足贫困家庭的需要。社会工作者是对这些贫困家庭有最充分了解的专业工作者，因此社会工作者与金融机

① Klontz, B. T., Britt, S. L. and Archuleta, K. L. Financial Therapy: Theory, Research, and Practice [M]. Springer, 2015.

构的充分合作可以最大效率地发挥金融扶贫的作用。又如，随着互联网金融的发展，许多年轻的大学生或老年人由于缺乏金融能力，也缺乏合适的借贷和理财的渠道，极易成为不规范互联网借贷、融资平台的受害者，这些领域都迫切需要金融社会工作者的服务。

因此，发展金融社会工作教育能帮助社会工作者在应对中低收入人群的金融和钱财议题时，扮演更为积极的角色。金融社会工作教育通过发展伙伴式教育关系、建立项目自身需求和资源、测量课程培养成效、发展多样化且灵活的教育手法和形式、开发一系列专门教育模块融入现有课程体系①，推动实现社会工作者的金融赋能。

（二）教学、实践、研究“三位一体”培养机制

社会工作是一门特别注重实践性的专业，尤其是在社会工作专业硕士教育层面必须形成教学、实践和研究“三位一体”的人才培养机制。

从实习实训议题来看，专业教育的实习实践教学根据金融社会工作的实务议题来确定，主要包括收入创造与维持、资产的积累与发展、财务收支（及消费）管理、信用管理和金融保护等类别②，其中每一类又会细分出诸多的具体事项。比如，收入创造与维持可能包括就业支持、社会救助、借贷咨询等；资产的积累与发展可能包括资产建设、理财咨询、经营规划等；财务收支（及消费）管理可能包括日常财务管理、财务计划和消费行为干预等；信用管理涉及对当事人超前消费、不良借贷等不规范的信用行为的干预和引导；金融保护涉及个人的金融信息安全、反诈骗的金融安全等。上述这些领域可供专业师生结合研究和兴趣进行选择，并且还可充分考虑实习学生未来就业的方向。

相对于课程教学和实习实训环节来说，金融社会工作研究在国内更是方兴未艾。根据金融社会工作培养目标的双重设定，金融社会工作研究可

① Julie Birkenmaier, Teri Kennedy, James Kunz, Rebecca Sander and Shelley Horwitz. The Role of Social Work in Financial Capability: Shaping Curricular Approaches ［M］. New York: Oxford University Press, 2013: 299.

② Margaret Sherraden, Julie Birkenmaier, Gena G. McClendon and Michael Rochelle. “Financial Capability and Asset Building in Social Work Education: Is It ‘The Big Piece Missing?’ ” ［J］. Journal of Social Work Education, 2017, 53 (1): 132-148.

分为三个层面：一是微观个体层面的金融素养、金融风险分析及社会工作开展的金融赋能等议题，包含有青少年、老年人、残疾人、低收入者等金融脆弱群体的金融风险、金融素养的现状及社会工作实施的金融赋能研究；二是中观层面的金融社会工作社区干预研究，包含有金融风险和金融排斥的社区干预，同时面向公众和特定人群的消费行为与消费保护研究，此外还有金融社会工作的干预方法研究，以及相关干预的效果评估等议题；三是宏观层面的政策研究，包含有特殊人群金融排斥问题研究，普惠金融政策研究，资产建设与反贫困研究，金融教育与金融机构社会责任倡导，以及金融社会工作中的新技术应用研究等议题。

然而，在相关研究和田野实践基础上开发相应的人才培养课程，才能更具针对性和精确性。例如，美国亚利桑那州立大学结合自身社会工作学科的研究和实践优势，在 BSW 课程中逐渐开发增设了三门课①：一是“社会问题经济学”，主要讨论经济政策如何影响特定人口；二是“边境家庭金融服务与社区资产建设”，在美墨边境的一个社区开展田野调查和金融服务，有边境家庭的社会经济处境、边境家庭实现财富和资产积累的有效政策，以及为边境地区经济可持续发展所做的倡导；三是“个体和家庭的金融赋能”，面向社会工作本科生讲授如何帮助服务对象实现经济公平的经济学、金融学和社会工作实务方面的知识，课程目标包括增强学生对社会工作实务中金融赋能和金融能力角色的理解力，讨论推动经济正义和金融赋能过程中所要考虑的社会工作价值与伦理的议题，识别个体和家庭在全生命周期中的经济需要，以及在致力于金融赋能实践过程中专业社会工作者的角色。

可见，金融社会工作研究的诸多议题也是教育过程中重要的培养手段，还是需要培养对象掌握的重要专业能力，更是培养过程最后阶段完成专业实习、学位论文的重要检验。

---

① Julie Birkenmaier, Teri Kennedy, James Kunz, Rebecca Sander and Shelley Horwitz. The Role of Social Work in Financial Capability: Shaping Curricular Approaches [M]. New York: Oxford University Press, 2013: 286.

（三）小结与展望

综上，随着社会金融化的趋势和广大人民群众对金融服务需求的日益增加，随着中国社会金融服务的迅速发展和金融科技的广泛应用，也随着中国政府积极开展“精准扶贫”脱贫攻坚工程和推动普惠金融相关工作，中国的社会工作实务界和社会工作专业对金融社会工作的关注与探讨正在日益增强。同时，现阶段金融社会工作教育是一个挑战和机遇并存的培养方向。一方面，社会金融化进程衍生出一系列社会风险和社会问题，对社会工作专业硕士教育提出了新期待和新要求；另一方面，在“双一流建设”大背景下，当前社会工作专业硕士课程亟须在突破中形成新模式，要求高校建立以回应金融化社会现实需求为导向，以本土化特色为目标的MSW课程金融社会工作教育模式。

关于金融社会工作教育，全国有不少已开设社会工作本科和专业硕士教育的财经类高校，如从学科基础和学缘结构上看，未来可成为发展金融社会工作教育的重要基地。以中央财经大学为例，2017年获批社会工作专业硕士学位授权点后不久即明确了以金融社会工作为主要培养方向，经过国际比较和充分论证，设定MSW金融社会工作为培养方向，并制订了周密的培养方案，强调社会工作专业理论与方法在经济行为、金融服务等领域中的融合和应用。此外，还要致力于金融社会工作教育发展环境的改善，成立全国性金融社会工作教育平台或组织，加强金融社会工作相关研究，加强宣传以提升社会认知度等。例如，2018年11月3日由中央财经大学主办的“金融赋能与资产建设：金融社会工作教育、实务和研究国际研讨会”是我国第一次专门以金融社会工作为主题的大规模学术会议。又如，由中央财经大学、西南财经大学、江西财经大学等15所高校联合发起，在2019年11月初“中国社会工作教育协会2019太原年会”期间向理事会提出成立“金融社会工作专业委员会”申请，并获批正式进入筹备阶段。

但是，从长远发展来看，金融社会工作教育也面临着不同程度的挑战，诸如人才培养方案的制订、师资队伍的建设、实践教学基地的建设、教材内容的建设等，尤其是开展面向一线社会工作实务人士的在职金融社会工作培训项目，都需要今后包括金融社会工作教育单位在内的整个中国社会工作界共同努力、不断推动。

Financial Social Work：A Newly Area of Professional Social Work under the Trend of Social Financializing

Fang Shu,Huang Jin

Abstract:Financial Social Work is a newly professional area of social work during recent ten years, and a reflection of a series of subsequences of social financialization and its risks and vulnerabilities. Financial social work focuses on financial capability according to the theory of "person in the environment", and systematically use various methods including education, counseling, coaching and advocating for promoting public financial well-being among from subject's capability building,like as individual, household,community,to advocating financial policy on different levels,like as financial institutions,market and government agency. Financial social work contains intact knowledge system and will certainly be important in the future.

Keywords:Financial Social Work,Social Financialization,Financial Capability, Local Development

中国社会工作学刊　第二辑
第 87～102 页

低生育率的社会现实与鼓励生育的家庭政策*

薛　君　魏雷东**

【摘要】 本文以欧洲和亚洲部分低生育率国家为例，通过梳理和评估鼓励生育的家庭政策变迁，发现鼓励生育的家庭政策虽不能改变极低生育率国家的生育现状，但达到一定强度后能对生育产生激励效应，可以阻止生育率的继续下降；只有综合运用包括促进社会性别平等和女性发展等家庭政策，才能使生育率维持在一个相对较高的水平。结合中国的生育形势，指出当前鼓励生育的政策已经明显滞后，提出应建立包括现金和税收补贴的生育福利、工作-家庭冲突的平衡机制、儿童照料和儿童发展服务体系三个方面鼓励生育的家庭政策，以促进人口的长期均衡发展。

关键词： 低生育率　家庭政策　鼓励生育　政策评估

长期低生育率会造成人口年龄结构的老化，影响社会的活力和创新力等人口红利以及社会养老和医疗等福利制度的可持续性发展；同时，长期

---

* 本文是国家社科基金项目“生育政策调整下目标人群的生育响应研究”（16CRK004）阶段性成果；河南省高校科技创新人才支持计划（人文社科类）资助成果；河南省软科学研究计划项目（20190180）、河南师范大学高等教育教学改革研究与实践项目（YJS2019JG19）阶段性成果。

** 薛君，博士，河南师范大学社会事业学院副教授、硕士生导师，河南省社会工作与社会治理软科学研究基地研究员，主要研究方向：社会政策与社会治理；魏雷东，博士，河南师范大学社会事业学院教授、博士生导师，河南省社会工作与社会治理软科学研究基地主任，河南省社会工作教育协会副会长，主要研究方向：社会伦理与社会治理。

的低生育率会造成人口规模大幅度缩减，持续的时间越长，累积的人口负增长惯性越大，从而会带来社会公共投资收益缩减和公共服务成本上升。因此，陷入低生育率的国家试图通过鼓励生育的家庭政策改变生育率下降的趋势，促进生育率的回升。中国当下的生育水平估计的均值为 1.57 左右，且已经进入了低生育水平国家的行列①②③④。

一、低生育率背景下家庭政策的变迁

20 世纪 90 年代中期以来，低生育率背景下家庭政策在国际上逐步受到重视并作为一个独特的政策领域发展起来。广义的家庭政策是指所有直接或间接对家庭产生影响的政策与项目，而狭义的家庭政策是指针对家庭福利并对家庭资源或家庭行为产生影响的政策，其主要内容包括鼓励生育政策、老年福利政策和家庭救助政策⑤。有关家庭政策的研究目前多集中于家庭政策的变化、家庭政策的评估及其未来的发展方向。

（一）低生育率国家生育水平变化

从 1970—2015 年欧洲总和生育率变动趋势可以看出，欧洲整体生育水平呈现先急剧下降后缓慢回升再下降的波动变化，具体为从 20 世纪 70 年代初的接近 2.2 的总和生育率下降为 20 世纪 90 年代初的接近 1.4 的低生育水平，2000 年后缓慢回升至 2010 年接近 1.60 的水平，然后再下降为 2015 年 1.50 左右的生育水平（欧盟 28 国统计）。以日本、韩国和新加坡为代表的亚洲低生育率国家的生育水平变动趋势与欧洲低生育率国家相类似，呈现波动下降的变动，日本总和生育率 2005 年跌至历史最低为 1.26，韩国和新加坡也一度低于 1.2，不同的是其生育水平更低且长期困于低生育率陷阱，至今看不到摆脱的希望。如新加坡的总和生育率从 20 世纪 70

① 郭志刚．对中国 1990 年代生育水平的研究与讨论［J］．人口研究，2004（2）．

② 中国国家统计局，美国东西方中心．中国各省生育率估计：1975—2000［M］．北京：中国统计出版社，2007.

③ 翟振武，陈卫．1990 年代中国生育水平研究［J］．人口研究，2007（1）．

④ 石人炳，陈宁，郑淇予．中国生育政策调整效果评估［J］．中国人口科学，2018（4）：114-125.

⑤ 穆光宗，常青松．欧洲家庭发展和家庭政策的变迁及启示［J］．中国浦东干部学院学报，2016（6）：112-120.

年代的1.84波动下降至2010年后的1.23，2013年总和生育率为1.2，保持着继续下降的趋势。

横向对比来看，低生育率国家之间呈现出明显的差异。如生育水平最低的欧洲各国之间对比发现，北欧国家和西欧一些国家生育率波动较为平缓，生育水平较高，其中挪威和瑞典在1986年率先回升到1.7以上，后跟进的国家有1988年的芬兰、1990年的丹麦，2010年后的瑞典、法国和爱尔兰成为接近更替水平的“最高的低生育率”国家（highest low fertility）；而南欧、东欧以及西欧一些国家陷入了极低生育率，2011年的希腊、捷克、意大利、西班牙、波兰、拉脱维亚、匈牙利、德国等生育率都远低于1.5水平。亚洲低生育率国家中，日本和韩国生育水平2000年后有些许回升，而新加坡继续保持下降的趋势。

整体上看，欧洲低生育率国家生育水平2000年后出现了较小的回升，但2010年后几乎所有国家的生育率又开始回落；亚洲低生育率国家的生育水平更低，且回升乏力。虽然都属于低生育率国家，但不同地区和不同国家之间的生育率的波动存在较大的差异，有国家呈现出较好的回升趋势，且生育率接近替代水平，有国家呈现极低生育率且深陷“低生育率陷阱”。

因此，人口学家们试图对整体低生育率的发展趋势、不同国家之间生育的差异以及低生育率背后的原因进行解释，相关的研究结论有：文化①、高失业率②、女性发展水平相对较低③、社会性别平等程度④、工作-家庭平衡水平⑤、不同的家庭政策等因素导致国家长期低生育率的结果和不同国家之间生育水平的差异。如1955年的一项调查显示，法国女性终身未育

---

① Goldstein, J., W. Lutz & M. R. Testa. The Emergence of Sub-replacement Family Size Ideals in Europe. Population Research and Policy Review, 2003, 22.

② Kohler, H. P., F. C. Billari & J. A. Ortega. The Emergence of Lowest-low Fertility in Europe During the 1990s. Population and Development Review, 2002, 28 (4).

③ 吴帆．欧洲家庭政策与生育率变化——兼论中国低生育率陷阱的风险［J］．社会学研究，2016（1）：49-74.

④ Billingsley, S., T. Ferrarini. Family Policy and Fertility Intentions in 21 European Countries. Journal of Marriage and Family, 2014, 76 (2).

⑤ Lewin-Epstein, N., H. Stier, M Braun, B. Langfeldt. Family Policy and Public Attitudesin Germany and Israel. European Sociological Review, 2000, 16 (4).

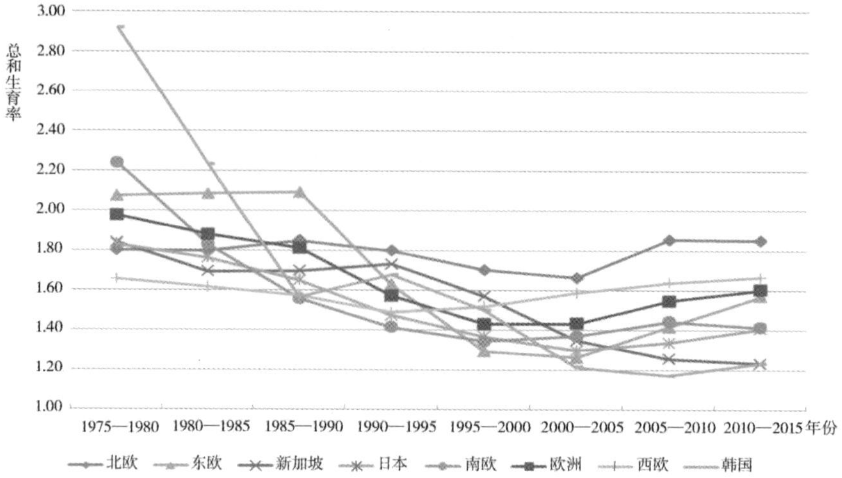

图1 低生育率地区和国家生育水平变动趋势

数据来源：World Population Prospects，Volume 1：Demographic Profiles，2017 Revision.

的比例为8.3%，而同龄德国女性终身未育的比例为20.3 %，这种比例的差异与儿童照料服务有关。在德国，母亲被认为是子女最好的照料者，工作的女性更倾向于放弃生育；而法国女性更倾向于利用儿童照料服务，因此母亲可以兼顾工作与子女抚育①。

（二）家庭政策的发展变迁

为了应对工业化和现代化背景下家庭结构与规模、居住安排、家庭婚姻、代际关系、家庭类型及生活方式等显著变化导致的家庭自我保障能力和发展能力的弱化，20世纪二三十年代的欧洲国家陆续实施了相应的家庭政策②。在工业化和城市化的背景下，家庭传统的社会保障功能弱化，为了弥补家庭功能的不足，早期家庭政策提出建立家庭补贴、儿童福利计划

① Kaufmann，F. X.，A. Kuijsten，H. J. Schulze，K. P. Strohmeier（eds.）. Family Life and Family Policies in Europe：Vol. 2，Problems and Issues in Comparative Perspective. Oxford：Oxford University Press，2002.

② Dumon，W. A.，H. M. Nesari - Slingerland. Family Policy：A Selected and Annotated Bibliography（1948—1972）. Leuven，Belgium：Catholic University of Leuven，1973.

和社会保险制度等缓解家庭的经济压力①，如实现鼓励家庭承担抚育子女的责任，提高出生率等特定目标②。经历了20世纪70年代相关家庭政策改革发展后的20世纪90年代，家庭政策的目标多元化，形成比较成熟的家庭政策体系③。

20世纪40—70年代中期，在西方国家经济繁荣和民主政治的基础上，社会福利采取“去家庭化”（defamilization）政策，试图通过提供几乎覆盖所有家庭风险的各种收入保障和社会服务的福利政策，以减少家庭成员，特别是代际照料和财务责任依赖性，减少家庭的束缚，摆脱家庭带来的风险和负担。20世纪70年代中后期，在经济衰退和政治动荡的压力下，西方国家对政府、家庭的责任界限进行重新界定，社会福利政策再次转向家庭和社区等非正规社会保护系统寻求出路，通过确立家庭成员之间的相互依赖性，如女性依赖于家庭获得生活来源、孩子依赖于父母的看护、父母依赖于成年子女的照料等家庭化（familization）政策，从战略发展的角度给予家庭积极的支持。

总的来说，传统家庭政策的主要目标是解决市场经济下的市场失灵问题，政府为社会成员提供广泛的、具有防御性的社会福利，以应对社会制度存在的缺陷。但面对日益严重的贫困、失业、青少年犯罪、家庭暴力、精神疾病等社会问题，人们意识到放弃家庭责任的社会成员带来的危害不会局限于家庭本身，社会也以社会问题的形式承担着相应的成本。社会问题的根源在于家庭不能发挥其正常职能，稳定和功能完整的家庭不仅是家庭成员，也是社会的资源。因此，西方国家的福利政策开始转向完善家庭政策，促进家庭功能的发展。

---

① Peter Scherer, The Role of Family Obligations in Developed Economies, in Katherine Marshall& Olivier Butzbach (eds.), New Social Policy Agendas for Europe and Asia: Challenges, Experience, and Lessons. World Bank, 2003, pp. 45-53. J. Finch & J. Mason, Negotiating Family Responsibilities. London: Sage, 1993.

② Neil Gilbert & Paul Terrell, Dimensions of Social Welfare Policy (5th edition). Allyn and Bacon, 2002.

③ Gauthier, A. H. Family Policies in Industrialized Countries: Is There Convergence? Population, 2002, 57 (3).

（三）家庭政策的理念与理论

家庭对个人的生存和发展具有重要的意义，良好的家庭功能是保障和支持个人发展的基础，是国家的经济和社会发展的基础。

人力资本理论认为良好的家庭功能是形成和发展人力资本的重要环境，家庭不仅对儿童及青少年早期的教育有影响，还会对人的社会能力、价值观念、精神品质，如良好的人际交流能力、合作能力、团队精神、领导能力以及创新精神等劳动者人力资本的重要构成因素有着重要的影响①。

资产投资理论认为，一个履行家庭责任的社会成员会倾向于节制或推迟自己的消费，增加储蓄，形成资产用于家庭未来计划和投资，家庭也会激励人们承担更多的社会责任，更加关注社区、环境以及社会的未来等②。因此，家庭政策应将家庭看作社会的资产，帮助家庭形成和巩固其功能与优势。

有学者从国家、家庭和市场角度将家庭政策分为自由主义、保守主义和社会民主主义三种模式③；也有学者从国家与家庭关系的角度将家庭政策分为平均主义家庭政策、亲家庭主义家庭政策、传统主义家庭政策和有限支持家庭政策四种类型④。中国的家庭政策主要是面对失去自我保障功能的残缺式家庭或贫困家庭提供满足家庭的基本经济需求的残补式的福利。然而考虑到目前的人口发展情况，借鉴国外的发展经验，中国家庭政策应从残补式导向转为发展型导向，从对弱势人群的救济转变为健全家庭的功能发展，从满足家庭最基本的生存需求转变为提升家庭的发展能力⑤。

二、鼓励生育的家庭政策评估

2000 年前后低生育率国家基于不乐观的人口形势纷纷出台相关鼓励生

---

① OECD, The Well-being of Nations: The Role of Human and Social Capital, 2001.

② Joseph Schumpeter, Capitalism, Socialism, and Democracy. New York: Harper and Row, 1950.

③ Esping-Andersen, G. The Three Worlds of Welfare Capitalism. Oxford: Polity Press, 1990.

④ Gauthier, A. H. The State and the Family: A Comparative Analysis of Family Policies in Industrialized Countries. Oxford: Clarendon Press, 1996.

⑤ 吴帆．第二次人口转变背景下的中国家庭变迁及政策思考［J］．广东社会科学，2012 (2): 23-30.

育的家庭政策，不同国家鼓励生育的家庭政策存在着较大差别。这些政策包括经济补贴、带薪生育假期和托育公共服务等，有学者将其归纳为五类，即包括了围产保健和生育分娩等的母亲支持政策，与出生相关的生育津贴等儿童支持政策，长期育儿相关家庭津贴、税收减免、补贴教育费用等与孩子数量挂钩的福利政策，兼顾工作和养育子女的托幼服务、育儿假、工资补贴等平衡工作-家庭冲突的政策①。

不论鼓励生育的家庭政策表现多么复杂，归根结底都是通过一系列政策措施缓解生育和育儿导致精力和时间资源在工作和家庭之间分配的紧张与冲突，降低生育和育儿的直接和间接成本，以改善儿童的成长环境、提高父母对子女发展的预期来影响家庭生育行为决策，鼓励生育。

（一）鼓励生育政策对生育水平的影响

不同国家生育鼓励政策对生育水平的影响不一，整体来看，鼓励生育政策背景下的低生育率国家生育水平有所回升，但回升的幅度有限且存在一定的差异。从典型低生育率国家生育率回升的趋势可以看出（见图 2），鼓励生育政策背景下生育率变动趋势可分为三类，即生育水平显著回升至更替水平附近，生育率回升至 1.4 或 1.5 以上，以及回升乏力，陷入极低生育水平。如法国 2005 年总和生育率回升至 1.92，2013 年总和生育率接近 2.0；瑞典的生育率水平恢复至 1.9 左右；但也有低生育率国家生育水平继续下降且继续低于 1.5，新加坡、韩国 2013 年的总和生育率均低至 1.23。

因此，针对鼓励生育的家庭政策对生育率是否产生影响以及产生多大程度的影响，学者们的研究结论存在差异。有学者认为鼓励生育的家庭政策对生育率影响微弱，没有确定的结论②。如有研究显示欧洲鼓励生育的家庭政策与生育水平之间没有呈现一致性的正相关关系，中、高支持力度的低生育率国家总和生育率最先跌落到 1.5 以下，而低支持力度的低生育

① Thévenon, O. Family Policies in OECD Countries: A Comparative Analysis. Population and Development Review, 2011, 37 (1).

② Neyer, G. Family Policy and Low Fertility in Western Europe. MPIDR working paper, WP2003-021. Max Planck Institute for Demographic Research, Rostock, 2003.

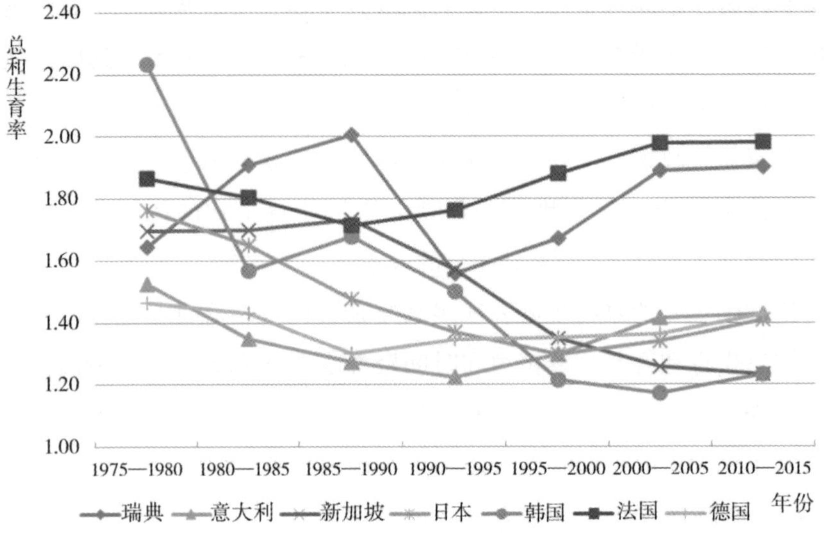

图2　典型低生育率国家生育率回升趋势对比

数据来源：World Population Prospects, Volume 1: Demographic Profiles, 2017 Revision.

率国家生育率仍能维持较高的水平。同一家庭政策模式下低生育率国家的生育水平差异显著，大于不同家庭政策低生育率国家之间的差异①。

有学者认为家庭政策的差异是欧洲低生育率国家生育率水平差异的原因。如有研究指出促进生育的家庭政策综合指数与总和生育率之间呈现高度正相关性，具体到工作-家庭平衡机制、儿童发展支持和家庭福利与总和生育率之间也呈现正相关关系。从政策效果看，经济补贴对低收入家庭短期生育安排有一定影响，但对中高收入家庭影响非常有限②。有研究表明，家庭可支配收入增加10%，总和生育率可以增加0.02~0.04，且覆盖育儿整个生命周期的财政支持可能对生育率的提升有更加显著的作用，产

① 吴帆，林川．欧洲第二次人口转变理论及其对中国的启示［J］．南开学报（哲学社会科学版），2013（6）：52-62.

② 吴帆．欧洲家庭政策与生育率变化——兼论中国低生育率陷阱的风险［J］．社会学研究，2016（1）：49-74.

假补贴对生育水平产生显著的积极影响①；工作-家庭友好型的家庭政策形成了较高的生育水平，而传统主义家庭政策国家的生育率处于极低水平②。具体家庭政策对生育行为微观研究结果显示，育儿假和儿童津贴分别对二孩和三孩的生育决策影响最大③，性别平等分工的家庭模式与二孩的生育意愿呈现正相关关系④，促进生育的家庭政策对缩短生育间隔有显著影响，促进社会性别平等的生育假期、薪酬安排以及托育服务措施对提高生育水平作用明显⑤。相关研究显示，可及性的托幼服务对生育有正效应，正规托育提供和托育登记率与女性生育率有较强的相关性⑥。

总的来说，鼓励生育的家庭政策提高了低生育率国家的生育水平，导致了总和生育率一定的波动，但女性受教育水平等其他因素对生育率的负效应超过了家庭政策对生育率的正效应，致使整体生育率水平依然呈现下降的趋势⑦。

（二）鼓励生育的家庭政策评估

从正反两面来评估鼓励生育家庭政策的效果，即分别选取生育率显著回升和生育率回升乏力的低生育率国家来对比分析差异背后的原因。

鼓励生育政策效果显著，总和生育率快速提升的国家有法国和瑞典，进入 21 世纪后的两国总和生育率都逐渐回升至更替水平，被称之为“最高的低生育国家”，总结背后的原因可得出以下几点：第一，鼓励生育的政策实施时间较长，连续性好，形成了稳定的预期。如法国是欧洲最早实

---

① LUCI A. and O. THEVENON. The Impact of Family Policy Packages on Fertility Trends of OECD Countries [C]. Washington: Population American Association, 2011.

② Thévenon, O. Family Policies in OECD Countries: A Comparative Analysis. Population and Development Review, 2011, 37 (1).

③ Lappegard, T. Family Policies and Fertility in Norway. European Journal of Population, 2010, 26 (1).

④ Billingsley, S., T. Ferrarini. Family Policy and Fertility Intentions in 21 European Countries. Journal of Marriage and Family, 2014, 76 (2).

⑤ Thévenon, O. Family Policies in Europe: Available Databases and Initial Comparisons. Vienna Yearbook of Population Research, 2008, 6.

⑥ RINDFUSS R. R, GUILKEY D. K, MORGAN S. P. and YSTEIN KRAVDAL. Child-are availability and fertility in Norway [J]. Population and Development Review, 2010 (4): 725-748.

⑦ Bjorklund, A. Does Family Policy Affect Fertility? Lessons from Sweden, Journal of Population Economics, 2006, 19 (1).

行鼓励生育政策的国家之一。第二，注重家庭文化传统。法国民众认为中等规模的家庭是“幸福的源泉”。第三，政策支持力度大。法国实行了一系列的鼓励政策，涉及个人、家庭、社会各个领域、各个方面，做法在发达国家中也是比较积极和人性化的，资金支持也非常充裕。第四，很好地平衡工作和家庭冲突，十分注重国家帮助家庭分担育儿负担，其儿童保育模式也多种多样，尽可能避免妇女陷入家庭与工作的两难选择。瑞典在促进女性就业方面也做得较好，保障了女性在工作、家庭和社会享有平等的地位。第五，较高的女性发展和社会性别平等水平。瑞典的鼓励生育政策在两性平等方面做得比较突出，体现在其政策中的“父亲配额”设计方面，男性承担更多家庭责任的社会性别平等有利于鼓励生育。第六，较好的经济环境与较高的收入水平。如瑞典 2011 年人均国民收入超过了 4 万美元，是世界最高收入国家之一。纵向来看，80 年代较好的经济状况使得瑞典家庭能够选择生育更多的孩子，而 90 年代的经济低迷、家庭收入下降、失业的增加和公共资金的紧缩，使得年轻人延长教育时长，从而生育较少的孩子，整体经济环境对生育的影响较年轻人劳动力参与率的作用更大①。

选取日本、韩国、新加坡和德国来分析鼓励生育政策效果不明显的原因。21 世纪后的日本和德国的生育率一直徘徊在 1.4 左右，韩国和新加坡的生育率接近于 1.2 极低生育水平。究其原因可归纳为以下几点：第一，传统性别不平等的观念与女性性别平等期望的冲突。如德国社会“男主外、女主内”的传统思想较为普遍，女性若生育，更容易陷入工作和家庭的两难；日本男性主导的传统与女权意识提升的冲突使得女性把生儿育女视为自我实现的障碍，社会性别平等的缺乏抑制了家庭政策对生育的鼓励作用。第二，政策制定和实施较晚，政策效果需要一定时间后才能展现，人口下降的惯性短时间内难以抑制。如 1990 年东西德合并后德国才开始实施较为人性化的鼓励生育政策。而新加坡生育政策的调整几乎在一夜之间完成了从控制人口政策转变为鼓励生育政策。当生育率低于更替水平时日本仍采用抑制生育的政策。第三，鼓励生育政策内容单一且力度较小，对

---

① 蔚志新．瑞典的生育变动及家庭政策对其影响和启示［J］．人口与健康，2019（1）．

降低家庭的生育成本来说几乎是杯水车薪①。如德国儿童保育措施的缺失使儿童照料主要依赖于母亲，所以德国女性在生育选择上更为困难。又如三个亚洲国家育儿现金补贴相对较低，且未能覆盖整个儿童期，对家庭生育缺乏足够的吸引力。第四，社会竞争激烈、就业压力大，如日本经济长期停滞，经济收入不稳定使选择不结婚的年轻人增多，而养育子女的高成本又使得部分已婚家庭少生甚至放弃生育，不愿意再尽家庭义务和在生养子女上花费时间和精力。第五，对女性不友好的用工制度。如日本男性的终身雇佣制、年功序列制度和“男主外、女主内”的职工家庭模式使社会性别不平等现象被长期固化，现有体制与社会政策之间的矛盾使得鼓励生育的政策效果有限②。

总的来说，鼓励生育的家庭政策在各国总和生育率的变动中究竟起到什么作用，还应根据各国的国情进一步探讨，二者之间的因果关系还难以明确判断。

三、家庭政策评估对中国生育政策的启示

由上文分析可以得出，鼓励生育的家庭政策不能改变极低生育率国家的生育现状，但达到一定强度的家庭政策能对生育产生激励效应，可以阻止低生育率国家生育率水平的继续下降。在第二次人口转变的背景下，需要综合运用包括促进社会性别平等和女性发展等家庭政策，才能使生育率维持在一个相对较高的水平。

从人口转变理论来看，第一次人口转变时期和第二次人口转变时期的生育抑制因素不同。在第一次人口转变时期，收入水平、女性发展、性别平等与生育率呈现负相关关系；而在第二次人口转变时期，这些因素与生育率的关系发生了逆转，以社会性别平等为例，多证据表明社会性别平等的增加有利于生育率水平的提高，比如男性更多地承担家庭义务有利于家庭多生育的决策。因此，应该积极构建家庭友好型的制度环境，减轻家庭

① 阚唯，梁颖，李成福．国际鼓励生育政策实践对中国的启示［J］．西北人口，2018（5）：47-56.

② 梁颖，阚唯，程志勇．日本应对少子化政策及其效果评价［J］．人口与健康，2019（2）．

育儿成本、支持儿童成长与发展、促进社会性别平等、维护工作-家庭平衡，使生育率回升到更替水平，以实现人口的长期均衡发展。结合中国的生育形势，可以得出以下结论和建议。

（一）中国鼓励生育的政策已明显滞后

中国 1992 年就已经进入了低生育水平[①②③]，虽然不同学者对中国当下的生育率水平测算结果存在分歧，但总和生育率估计的均值为 1.57 左右，且呈现逐年下降趋势。而对当下的生育形势是否合适涉及不同的判断标准，学界一般认为 2.1 的更替水平是出生和死亡相平衡的稳态生育水平，是判断人口政策是否合适的临界点[④]。总和生育率 1.5 以下的生育率水平是判断一个国家或地区是否陷入“低生育率陷阱”的临界点[⑤]。总的来说，不管是哪个标准，都说明中国已经进入了低生育率国家且生育形势不容乐观。

基于中国当下的生育形势，横向对比低生育率国家鼓励生育政策实施时生育水平与政策效果的关系，可以看出中国生育政策调整和鼓励生育的政策实施已经明显滞后。从图 3 可以看出，鼓励生育的家庭政策效果显著的法国、瑞典和澳大利亚等国家，政策实施时的生育率接近更替水平，而低于 1.6 的生育率时实施鼓励生育家庭政策的韩国、日本和德国等国家的政策效果都不明显。与中国有着类似的生育政策变动的新加坡，长期生育控制政策下生育率有着巨大的下降惯性，即使在 1984 年 1.76 的生育率基础上开始放开和鼓励生育，但生育率水平依然急剧下降，且深陷极低生育率水平，回升乏力[⑥]。

---

① 郭志刚．对中国 1990 年代生育水平的研究与讨论［J］．人口研究，2004（2）．

② 翟振武，陈卫．1990 年代中国生育水平研究［J］．人口研究，2007（1）．

③ 中国国家统计局，美国东西方中心．中国各省生育率估计：1975—2000［M］．北京：中国统计出版社，2007.

④ 翟振武，陈卫．1990 年代中国生育水平研究［J］．人口研究，2007（1）．

⑤ Morgan, S. P. Is Low Fertility a Twenty-First-Century Demographic Crisis Demography, 2003, 40 (4).

⑥ Atoh, M., V. Kandiah, S. Ivanov. The Second Demographic Transition in Asia? Comparative Analysis of the Low Fertility Situation in East and South-East Asian Countries. The Japanese Journal of Population, 2004, 2 (1).

因此，结合日本、德国和新加坡的较晚鼓励生育政策和法国、瑞典的较早且连贯政策是生育率回升幅度差异主要原因之一的研究结论①，对比中国当下的生育形势，可以认为中国生育政策调整和鼓励生育政策实施的时点已明显滞后于国际平均水平，应尽快构建鼓励生育的家庭政策。

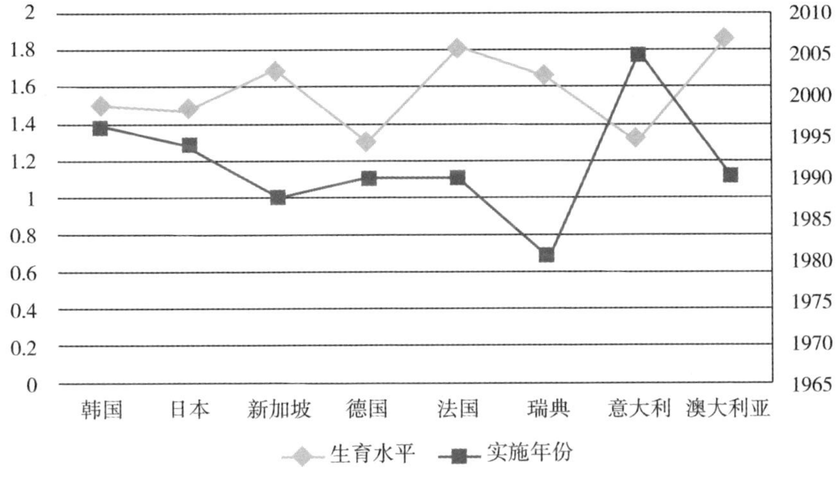

图 3　低生育率国家鼓励生育政策实施时生育率水平与年份对比

数据来源：World Population Prospects，Volume 1：Demographic Profiles，2017 Revision.

以工作-家庭平衡机制的构建为例，家庭高昂的育儿成本与“男主外、女主内”的传统会给女性带来繁重家务和育儿负担，产生家庭与工作的冲突，而工作-家庭平衡机制的建立能够较好保障女性在参与市场劳动权利的同时，提高本国的生育率水平。通过新加坡、德国、澳大利亚、法国和韩国等女性就业率和生育数据的相对变化可以看出，有效的生育支持政策在生育与女性就业之间可以发挥双赢的效果，如韩国和法国女性的就业率保持 2%～5%增长的同时，法国的生育率水平也保持了较快的增长速度，韩国也在缓慢回升；20 世纪 90 年代中期后瑞典的女性就业率稳中有升，维持在 52%以上，而生育率水平的快速提高表明并

① 阚唯，梁颖，李成福．国际鼓励生育政策实践对中国的启示［J］．西北人口，2018（5）：47-56.

未牺牲女性参与市场劳动的权利。

生育与市场劳动参与是家庭尤其是女性生育决策过程中面临的艰难抉择，而鼓励生育的家庭政策中工作-家庭平衡机制有利于削减生育对女性职业发展的束缚，有利于缓解工作对家庭的制约①。如1980年多数女性就业率较高的DECD国家生育率都比较低，而2009年后二者呈现正向关系，这说明鼓励生育政策中工作-家庭平衡机制能很好地维持女性生育与劳动参与的平衡。因此，构建中国的工作-家庭平衡机制，缓解家庭生育与市场工作的冲突非常重要。

（二）中国鼓励生育家庭政策的构建

党的十九大报告中提出“促进生育政策和相关经济社会政策配套衔接”的要求，对此王培安提出补短板、抓重点和强弱项应对措施，从生育保险和税费减免、照看和托幼服务、女性家庭和工作平衡等方面制定符合国情的家庭政策，提高公共服务发展水平，构建性别平等家庭友好型社会②。2019年5月国务院办公厅印发的《关于促进3岁以下婴幼儿照护服务发展的指导意见》指出，建立完善促进婴幼儿照护服务发展的政策法规体系、标准规范体系和服务供给体系，充分调动社会力量的积极性，多种形式开展婴幼儿照护服务，逐步满足人民群众对婴幼儿照护服务的需求。因此，结合党和国家的政策要求，本文提出建立包括现金和税收补贴的生育福利；工作-家庭冲突的平衡机制；儿童照料和儿童发展服务体系三个方面鼓励生育的家庭政策。具体如下：

（1）生育福利，是指针对孩子孕育、出生和抚养等不同的环节，提供围产保健、生育保险、育儿津贴等按家庭生育数量计算现金补贴和税收减免的生育津贴制度，以降低生育和养育的经济成本，提高育儿家庭的生活水平。具体措施可以体现在：减免产前检查和住院分娩费用，对母婴医疗保险予以优惠，降低子女生育成本；继续实施按政策生育的家庭减免个人

① 杨菊华．健全托幼服务推动女性工作与家庭平衡［J］．妇女研究论丛，2016（2）：11-14.

② 王培安．科学把握人口发展规律，促进新时代人口均衡发展［EB/OL］．人民网，2019-05-30. http：//theory. people. com. cn/n1/2019/0530/c40531-31109907. html.

所得税，建立高水平的育儿津贴制度，每个家庭都可以按月领取基于物价和儿童数量的津贴，完善各种儿童福利制度，等等。

（2）工作-家庭冲突的平衡机制，是指通过法定产假、育儿假、托幼照料服务和约束用人单位行为与创造劳动市场家庭友好氛围等政策应对职业女性和孩子母亲的双重角色导致的精力和时间资源分配的紧张与冲突。产假补贴对生育率水平产生显著的积极影响，育儿假能够缩短妇女生育孩子的间隔。而针对育儿假中的父亲假分析显示，增加父亲参与抚养孩子与较高生育存在相关。欧盟成员国研究显示，父亲们对育儿假的利用与女性再生育意愿和生育二孩可能性存在正相关①。具体措施可以体现在：维护女职工孕产期合法权益，保障母亲的产假和育儿假。延长男性陪护假，鼓励男性参与子女养育。尝试建立家中有 0~5 岁儿童的成年人带薪休假制度，子女生病时的父母休假制度。女性就业方面，鼓励企业承担一定责任，提供人性化服务，帮助女性平衡工作和家庭的关系；改善工作场所的服务设施，提供便利的哺乳环境，为女性就业提供指导，创造更为公平的就业条件；建立与女性就业政策相衔接的鼓励生育的家庭政策，以此来减少女性及其家庭因生育而要付出的机会成本，帮助女性平衡工作和家庭的关系。

（3）儿童照料和儿童发展服务体系，是指政府通过对包括学前教育、小学和中学儿童教育的公共支出等儿童成长和发展的支持影响家庭资源配置和生育决策。托幼与儿童发展会对生育有正向作用，北欧国家的研究证实优质和广覆盖的保育服务对生育率的提升有较大影响。如 2007 年挪威的相关研究显示，可及性的托幼服务对生育有正效应，欧盟成员国家相关研究也显示，正规托育提供和托育登记率与女性生育率有较强的相关性②。具体措施可以体现在：发展托幼机构、发挥社区育儿功能，特别是鼓励接收 0~3 岁婴幼儿的社会育儿机构的发展，建立足够的托幼机构和多样的社会育幼模式减轻家庭育儿负担。加强学前教育建设，确保资源配置满足教

① LUCI A. and O. THEVENON. The Impact of Family Policy Packages on Fertility Trends of OECD Countries［C］. Washington：Population American Association，2011.

② RINDFUSS R. R，GUILKEY D. K，MORGAN S. P. and YSTEIN KRAVDAL. Child-are availability and fertility in Norway［J］. Population and Development Review，2010（4）：725-748.

育需求，将幼儿教育，特别是学龄前教育优先纳入义务教育体系，减轻家庭养育孩子的经济成本。

Social Realities of Low Fertility and Family Policies to Encourage Fertility

Xue Jun,Wei Leidong

Abstract:This paper takes some low-fertility countries in Europe and Asia as an example to sort out and evaluate the family policy changes that encourage fertility. It is concluded that although the family policy of encouraging fertility cannot change the status of fertility in countries with very low fertility rates, it can have an incentive effect on fertility after reaching a certain intensity,and prevent the fertility rate from continuing to decline. To keep the fertility at a relatively high level,family policies inoluding promoting gender equality and woman's development should be comprehensively used. The implementation of China's fertility policy adjustment and encouragement of fertility has been significantly delayed. To promote long-term balanced development of the population, it is proposed that family policies that encourage fertility should be established in three aspects: maternity benefits including cash and tax subsidies, work-family conflict balance mechanisms, child care and child development service systems.

Keywords:Low Fertility Rate, Family Policy,Encourage Birth,Policy Evaluation

中国社会工作学刊　第二辑
第 103～125 页

社会工作职业化需要转型升级[*]

——北上广深四城市社会工作者职业调查

徐道稳[**]

【摘要】 调查表明，我国社会工作职业化还处于初级阶段，职业化水平有待提高，职业化发展需要转型升级。社会工作职业化转型升级应当坚持外延发展和内涵发展并重的原则，致力于“扩面、提质、增效”，直面工资待遇偏低和发展空间不足的行业关切，着力解决专业水平不高、职业流动频繁等关键问题。为此，要完善“政府主导、民间运作”的体制机制，推动社会工作立法进程，推动农村社会工作发展，重视体制内社会工作岗位的开发，积极探索社会工作发展新途径，培养社会工作服务精专人才。

关键词： 北上广深　社会工作职业化　转型升级

一、导言

经过十余年的发展，我国社会工作职业化在制度建设、人才队伍建设、岗位开发、实务发展等方面取得了巨大成就，但是也存在待遇偏低、队伍不稳定和服务水平不高等问题。许多学者对社会工作职业化面临的困

---

* 国家社会科学基金重点项目“中国社会工作职业化制度体系研究”（16ASH010）阶段性成果。

** 徐道稳，深圳大学社会学系教授，主要研究方向：社会工作和社会政策。

境进行了深入研究，并提出了相应的建议。但是，已有的研究成果很少关注社会工作者的职业状况，很少从社会工作者的视角研究行业关切的问题，对社会工作者的职业状况与社会工作发展模式之间的关系也没有给予足够的重视，本次调查试图弥补这些不足。

本次调查的内容包括社会工作行业的劳动关系、职业素养、职业流动、职业发展、职业认同、职业满意度。调查对象是北京、上海、广州、深圳四城市的社会工作从业人员，包括一线社会工作者、督导、管理人员和行政人员。抽样方法是 PPS 抽样，具体做法是：从各市社会工作者协会获得本市社会工作机构抽样框，根据机构的规模和样本容量确定机构名单和抽样元素，然后在抽取的机构中运用简单随机抽样抽取从业人员，总共抽取 2000 人，回收有效问卷 1615 份，其中北京 313 份、上海 411 份、广州 391 份、深圳 500 份（文中除个别情况外，不再交代样本容量）。最后运用 SPSS21 中文版进行数据分析，样本的基本情况见表 1。

表 1　样本的基本信息（N=1615）

性别	男 26.2%；　女 73.8%
年龄	18~24 岁 17.5%；　25~30 岁 44.0%； 31~40 岁 30.1%；　40 岁以上 8.4%
婚姻	已婚 48.4%；　未婚 51.6%
户籍	本市 62.0%；　非本市 38.0%
教育	高中及以下 2.2%；　大专 27.7%；　本科 63.8%；　硕士 6.3%
专业	社会工作专业49.9%；　非社会工作专业 50.1%
岗位	一线社会工作者61.5%；　管理、督导 27.5%；　行政助理 7.6%； 其他 3.4%

二、劳动关系

（一）劳动合同签订率较高，合同期限以 1~3 年为主

统计表明，调查对象的劳动合同签订率达到 97.7%，即仅有 2.3%的从业人员没有与用人单位签订劳动合同。从城市看，除北京未签劳动合同

较多外，上海、广州、深圳的劳动合同签订率均在99%左右，特别是深圳，几乎达到100%（见表2）。从访谈的情况看，社会工作机构的正式员工一般都会签订劳动合同，但是实习生和临时顶岗的人员没有劳动合同，因此，未签订劳动合同的调查对象估计多半是实习生或临时顶岗人员。全部样本的劳动合同期限以1~3年为主，北京、广州、深圳的情况都是如此，但是上海无固定期限劳动合同高达49.1%。上海与其他三市为何有如此大的差异需要进一步调研。需要说明的是，由于从业人员普遍年轻，流动性较强，加上行业对社会工作者需求较大，因此，他们对无固定期限劳动合同不是很在意。

表2　社会工作者劳动合同签订情况（N=1615,%）

	未签合同	1~3年	3年以上	无固定期限	合计
北京	9.6	77.0	3.5	9.9	100
上海	1.2	37.0	12.7	49.1	100
广州	0.5	84.1	2.0	13.3	100
深圳	0.2	71.2	7.0	21.6	100
全部样本	2.3	66.8	6.6	24.3	100

（二）工资普遍偏低，一半以上社会工作者是“月光族”

关于社会工作者的工资，本次调查设置了“税后月工资”和“自认为合理的工资应该是多少”（期望工资）两个题目。调查结果是，上海社会工作者的月平均工资最高，为5214元，期望工资也最高，实际工资与期望工资的落差也最大，达到2456元。深圳社会工作者的实际工资与期望工资的落差也超过2400元。广州社会工作者的月平均工资在四个城市中最低，实际工资与期望工资的落差也最小，见表3。工资水平的高低可以通过与当地在岗职工平均工资的比较来判断。不难发现，四城市社会工作者的调查工资均值都低于当地在岗职工均值，差距最大的是北京（3459元），差距最小的是深圳（962元）。

表 3　2017 年社会工作者的工资情况（元）

	调查均值 A	期望均值 B	在岗职工均值 C	B-A	C-A
北京	4415	6367	7874	1952	3459
上海	5214	7670	7627	2456	2413
广州	4015	5366	5752	1351	1737
深圳	4881	7311	5843	2430	962

说明：本次调查的社会工作者的工资是指税后工资，为可比性计，本表中在岗职工均值取当地公布的在岗职工平均工资的70%作为税后工资。2017 年度，北京、上海、广州、深圳四市在岗职工平均工资分别为 134994 元、130765 元、98612 元、100173 元。

从工资结余情况看，在全部样本中，有 52.8%的人每月工资结余为 0，即为所谓的“月光族”，1/5 的人每月结余 1000 元以上。“月光族”在四个城市中有明显差异，上海“月光族”比例最高，相应地其存款比例较低，见表 4。

表 4　社会工作者每月工资存余情况（%）

	0	100—500 元	501—1000 元	1000 元以上	合计
北京	50.5	13.4	14.7	21.4	100
上海	66.4	3.9	13.9	15.8	100
广州	46.5	14.9	19.7	18.9	100
深圳	48.0	9.6	16.8	25.6	100
全部样本	52.8	10.2	16.3	20.7	100

（三）五险一金缴纳覆盖面较大，但是缴费金额较少

五险一金是职工福利的主要内容，也是劳动关系规范化的重要标志。从调查的情况看，五险一金的缴纳在社会工作行业的覆盖面比较大，但是缴费的金额不高。在全部样本中，五项社会保险的参加率均在 90%以上，其中养老保险和医疗保险的参加率超过 95%，住房公积金参加率较低，为 88.4%，详见表 5。从城市看，广州社会工作行业五险一金的覆盖率最高，深圳也比较高，而且各项比例比较均衡；北京社会工作行业五险一金的覆盖率普遍不高，最高的医疗保险也未达到 90%，住房公积金参加率竟然低

至51.1%。从缴费金额看，全部样本社会保险缴费金额平均值为536元，住房公积金平均值为255元，其中上海缴费额度最高，深圳最低。上海社会保险缴费金额是深圳的2倍，公积金是深圳的2.6倍，见表6。

表5　社会工作者五险一金参加率（%）

	养老	医疗	失业	工伤	生育	住房
北京	88.2	89.8	86.3	88.5	83.4	51.1
上海	97.3	97.6	96.8	89.8	85.2	96.4
广州	98.5	98.7	97.4	98.5	96.9	98.2
深圳	97.6	98.8	95.2	96.4	92.6	97.4
全部样本	95.9	96.7	94.4	93.7	90.0	88.4

表6　社会工作者五险一金缴费情况（元）

	北京	上海	广州	深圳	全部样本
社会保险费平均值	560	815	408	393	536
公积金平均值	224	402	258	153	255

（四）加班现象比较普遍，休息时间基本能保障

我国社会工作服务主要由政府购买，社会工作服务点多与其他公共服务一起办公，在公共服务便利化的背景下，许多社会工作服务点被要求下班时间和周末也要提供服务。因此，在实践中社会工作者加班现象比较普遍。调查也表明，95.7%的调查对象有过加班经历，有时及经常加班的社会工作者达到60.2%，见表7。从城市看，深圳加班现象最严重。由于政府购买社会工作服务经费存在硬约束，社会工作机构很难发给社会工作者加班费，因此，社会工作者加班后一般能获得调休。统计显示，在全部调查样本中，每月休息4天及以上的占90%，每月加班时间在36小时及以下的占94%；另外，享受过带薪年休假的占87%。这说明，绝大部分社会工作者的休息时间和加班时间符合劳动法的规定，社会工作者的休息时间基本能够得到保障。

表 7　社会工作者加班情况（%）

	经常发生	有时发生	偶尔发生	从未发生	合计
北京	22.7	28.4	39.3	9.6	100
上海	20.9	32.6	40.1	6.3	100
广州	25.1	39.4	34.3	1.3	100
深圳	33.8	34.0	30.4	1.8	100
全部样本	26.3	33.9	35.5	4.3	100

三、职业流动

（一）从业时间普遍不长，职业流动较为频繁

我国社会工作职业化的时间不长，除上海从 2003 年开始试点外，其他城市一般从 2007 年开始。本次调查发现，调查对象中从业时间最长的为 11 年，即从 2007 年从事社会工作至今，这类人员比例极小，仅占全部样本的 1%；76%的调查对象从事社会工作在 5 年或以下，从业时间平均为 3.92 年，中位数为 3 年。从职业流动看，38.1%的调查对象有过换工作的经历，人均换工作的频次为 0.77 次。在换过工作的人当中，换过一次工作的占 42.8%，换过 2 次的占 30.6%，换过 3 次的占 26.6%。从城市看，上海社会工作队伍最为稳定，平均从业时间最长，流动频率最低；广州社会工作者流动最频繁，有过换工作经历的比例将近 50%，详见表 8。

表 8　社会工作者职业流动情况

	北京	上海	广州	深圳	全部样本
平均从业时间（年）	2.77	5.67	3.90	3.73	3.92
有换工作经历比例（%）	37.4	25.1	49.6	40.2	38.1
平均换工作频次（次）	0.77	0.51	0.95	0.76	0.77

（二）工资待遇低和发展机会少是跳槽的两大主因，跳槽后27%的人感觉低于预期

从全部样本看，在换过工作的人员中，选择因工资太低和发展机会少而离职的比例分别为47.1%和44.2%，分列第一和第二位，其次是不认同机构的管理方式和团队氛围差，详见表9。在四个城市样本中，工资太低和发展机会少仍是换工作的两大主因，在北京社会工作者中，这两大主因的比例尤其高，但是其他离职原因在各城市间呈现差异性。在北京，除上述两大主因外，团队氛围差、工作强度大和家庭因素也是离职的重要原因；在上海，家庭原因和工作强度大是离职的重要原因，而且选择工作强度大的比例在四个城市中是最高的；在广州，团队氛围差、不认同机构管理方式是离职的重要原因，而且选择这两个原因的比例都高达34.2%，明显高于其他三个城市；在深圳，不认同机构管理方式和家庭因素是离职的重要原因，但是和其他城市比，深圳社会工作者选择离职原因的比例呈均匀化趋势，例如，工作强度大、工作氛围差、不认同机构价值观以及其他原因的比例都在17%左右。在工资待遇低和发展机会少的背景下，许多社会工作者将希望放在跳槽上，总希望下一家会更好，实现情况似乎也印证了这一点。在跳槽的人员中，感觉与自己预期基本相符的达到63.0%，认为高于预期的为9.7%，低于预期为27.3%。

表9　社会工作者离职原因的多重响应分析

离职原因	北京	上海	广州	深圳	全部样本
工资太低	53.4%	44.4%	44.2%	47.8%	47.1%
工作强度大	22.4%	25.0%	15.6%	17.4%	19.0%
工作条件差	15.5%	10.2%	10.1%	9.8%	11.0%
发展机会少	46.6%	42.6%	42.7%	45.1%	44.2%
家庭原因	22.4%	27.8%	20.6%	19.6%	21.8%
团队氛围差	26.7%	22.2%	34.2%	17.4%	25.0%
不认同机构管理方式	20.7%	21.3%	34.2%	25.4%	26.6%

续表

离职原因	北京	上海	广州	深圳	全部样本
不认同机构价值观	20.7%	14.8%	21.6%	17.0%	18.7%
不适应机构发展要求	7.8%	6.5%	8.5%	3.6%	6.3%
其他	6.9%	13.0%	19.6%	17.4%	15.5%
合计	243.1%	227.8%	251.3%	220.5%	235.2%

（三）从业人员离职倾向较强，可能的离职去向呈现多元化

关于离职倾向，本次调查设计了两个问题：一是在未来一年内跳槽到其他社会工作机构的可能性有多大？二是在未来一年内跳槽到其他行业的可能性有多大？前一种情形是在行业内部的流动，后一种情形是在行业之间流动。笔者把前一种可能性定义为业内离职倾向，后一种可能性定义为业外离职倾向。结合表 10 和表 11，可以发现：第一，在全部样本中，近三成的调查对象有较强的业外离职倾向，而且业外离职倾向明显高于业内离职倾向，换言之，如果要离职，会有更多的人选择离开社会工作行业。第二，业外离职倾向高于业内离职倾向在四个城市中呈现一致性，其中，广州社会工作者的业外和业内离职倾向是最强的，上海社会工作者的离职倾向最低，其强离职倾向的比例还不到广州的二分之一。

那么，这些倾向于离职的人最有可能去哪儿呢？本次调查设计了可能的去向：社会工作机构、公益组织、创办公益组织、创业做生意、企业、事业单位、党政机关、读书深造、暂时休息、其他去向。统计表明，如果社会工作者离职，可能的去向呈多元化和分散化，相对来说，有意去社会工作机构、事业单位、公益组织、企业的比例较高（见表 12），这说明公益机构和事业单位等非营利组织仍然是社会工作行业人员离职后的主要选择，但是各城市之间略有差异。北京社会工作者可能的离职去向选择比例最高的是企业，上海最高的是事业单位，广州和深圳最高的是社会工作机构。值得注意的是，调查对象中想创业的比例也不低，离职后希望创业做生意或创办公益组织的比例达到 13.4%。

表 10　社会工作者的业外离职倾向（%）

	北京	上海	广州	深圳	全部样本
可能性大	32.9	16.0	34.0	32.0	28.7
可能性小	67.1	84.0	66.0	68.0	71.3
全部样本	100.0	100.0	100.0	100.0	100.0

表 11　社会工作者的业内离职倾向（%）

	北京	上海	广州	深圳	全部样本
可能性大	21.4	11.2	27.4	24.2	21.2
可能性小	78.6	88.8	72.6	75.8	78.8
合计	100.0	100.0	100.0	100.0	100.0

表 12　社会工作者的离职去向

	频数	百分比（%）
社会工作机构	289	17.9
事业单位	266	16.5
公益组织	228	14.1
企业	214	13.3
创业做生意	165	10.2
暂时休息	162	10.0
读书深造	100	6.2
党政机关	81	5.0
其他去向	59	3.7
创办公益组织	51	3.2
总计	1615	100.0

（四）工资待遇是离职去向的首选因素，个人兴趣也是重要影响因素

如前所述，如果离职，那么调查对象更倾向于选择去社会工作机构、

公益组织、事业单位和企业。为什么会做如此选择，影响调查对象职业选择的主要因素有哪些？关于这个问题，本次调查设置了10个因素。结果显示，在离职后重新选择职业时，所有调查对象首先要考虑的因素是工资福利待遇，而且这一结果在各个城市之间没有差异（见表13）。其他影响职业选择的重要因素依次是：个人兴趣、工作稳定性、符合家庭期待、工作更具挑战性等。从城市看，在北京、广州、深圳，个人兴趣是仅次于工资待遇的重要影响因素；但是在上海，除工资待遇外，工作稳定性和社会地位是影响职业选择的最重要因素，其中，上海社会工作者选择社会地位的比例是其他城市的2倍。

表13　社会工作者选择离职去向的主要原因（多重响应分析%）

	工资待遇	个人兴趣	工作稳定	家庭期待	挑战性	社会地位
北京	53.4	35.5	34.2	22.4	23.6	12.5
上海	58.9	29.0	33.6	26.3	16.1	30.7
广州	61.9	37.9	29.9	25.6	25.1	14.8
深圳	58.0	39.8	24.2	28.4	25.2	15.6
全部样本	58.5	35.7	29.9	26.0	22.5	18.6

说明：限于篇幅，本表只是对职业选择原因的多重响应分析的部分呈现（10因素中的6个因素）。因为是多重响应分析，所以每个城市各个项目比例的和超过100%。

四、职业发展

（一）七成从业人员本科以上学历，一半人曾主修社会工作专业

早在20世纪80年代，我国社会工作教育就开始恢复，但是由于社会工作职业化滞后，社会工作专业毕业生基本没有机会从事专业服务。近年来，随着社会工作职业化的推进，相关部门特别是基层服务组织对社会工作者的需求较大，但是社会工作毕业生从事社会工作服务的意愿不强。为了解行业的专业构成，本次调查关注了社会工作行业的学历背景和专业背景。统计表明，在全部样本中，97.9%的人拥有大专以上学历，其中本科及以上学历达到70.2%，大专学历占27.7%，这说明社会工作行业学历普

遍较高。从城市看，上海社会工作行业学历水平最高，本科及以上高达87.1%，其余依次是深圳、广州、北京，北京社会工作行业本科及以上学历占53%，在四城市中最低（见表14）。

表14 社会工作者的受教育状况（%）

	高中及以下	大专	本科及以上	合计
北京	5.4	41.6	53.0	100.0
上海	0.2	12.7	87.1	100.0
广州	3.1	35.5	61.4	100.0
深圳	1.0	25.2	73.8	100.0
全部样本	2.2	27.7	70.2	100.0

从专业背景看，社会工作行业从业人员的主修专业比较复杂，主要有社会工作、社会学、心理学、法学、管理学等，主修过社会工作专业的人员占总调查人数的49.9%，换言之，社会工作行业有一半的从业人员没有社会工作专业背景。一般而言，任何一个行业从业人员的专业背景都是而且也应该是多元化的，但是在一个专业性很强的行业，从事一线工作的人员大多应当具有相应的专业背景，比如一线医生、律师、会计师等。为了解一线社会工作者的专业背景，笔者将样本中一线社会工作者挑出单独统计，发现一线社会工作者中具有社会工作专业背景的比例只有47.7%，比全部样本还低2个百分点，但是这一比例在各城市之间差异较大，北京最高超过60%，而上海仅有30.9%，见表15。

表15 一线社会工作者的专业背景（%）

	北京	上海	广州	深圳	全部样本
社会工作专业	61.9	30.9	56.5	51.1	47.7
非社会工作专业	38.1	69.1	43.5	48.9	52.3
合计	100.0	100.0	100.0	100.0	100.0

（二）行业持证率超过一半，但是各城市之间差异较大

自社会工作职业化以来，各级政府比较重视社会工作行业的持证率，有的城市甚至要求到某一年全部持证上岗。所谓持证率是指提供专业服务的社会工作者获得全国社会工作者职业水平资格证书的比例（包括助理社会工作师、社会工作师和高级社会工作师）。北上广深是我国最发达的城市，社会工作职业化也走在全国前列，其社会工作行业的持证率如何呢？统计显示，在全部样本中，持有助理社会工作师证书的比例为51.2%，持有社会工作师证书的比例为25.9%。根据全国社会工作者职业水平考试的有关规定，取得社会工作专业大学本科学历，从事社会工作满3年才可以报考社会工作师。因此，一般情况是先取得助理社会工作师后再考社会工作师，换言之，取得社会工作师证书的人一般也有助理社会工作师证书。基于这一点，在不太严格的意义上，可以将助理社会工作师的比例视为行业持证率，因此行业持证率为51.2%。从城市看，四城市行业持证率差异比较大，其中广州、深圳比较高，超过60%，上海是42.6%，最低的是北京为27.3%。

（三）实务和项目策划方面的培训亟待加强，培训方式亟须改革

社会工作者在职培训是职业化的重要内容，也是社会工作者专业能力成长和服务水平提升的重要环节。关于在职培训，我们设计了“目前的培训能否满足工作需要、哪些培训内容需要加强、喜欢什么培训方式”等问题。统计显示，认为目前的培训能满足或基本能满足工作需要的占67.3%，不能满足需要的占32.6%。这一结果在四个城市之间有一定差异。北京、上海认为目前的培训不能满足工作需要的比例在30%以下，广州、深圳在30%以上，特别是深圳，认为培训不能满足工作的比例高达37.4%。这在某种程度上说明，深圳和广州的社会工作者对在职培训的需求更大、要求更高。

关于需要加强的培训内容，问卷设计了10个内容，其中社会工作实务占比最高（64.6%），其次是项目策划和管理、社会工作者情绪疏导、社会工作者经验分享、专业价值伦理等。值得注意的是，社会工作者情绪疏导培训排列第三（47.9%），说明社会工作者在服务过程中，其自身的情

绪疏导问题日益突出，这一点应该引起社会工作机构、行业协会和主管部门的关注。从城市看，四个城市的社会工作者都把实务培训放在亟待加强的首要位置，但是，其他内容在各城市的排位略有不同。在上海，社会工作者情绪疏导和经验分享排列第二、第三；在北京，项目策划排列第二，下面是经验分享和价值伦理；广州和深圳的情况与全部样本趋同。

关于在职培训存在的问题，反映最多的是：培训方式单调、气氛沉闷，培训内容乏味，没有根据不同实务领域来分类培训。这一调查结果表明，职业化初期那种满堂灌式的、知识传授型的培训已经不适应深度职业化的需要，特别是根据不同实务领域来分类培训应该引起培训主办方的高度重视。整体来看，虽然培训的方式多种多样，但是最受欢迎的是工作坊、参观交流和参与项目实践，最不受欢迎的培训方式有网上培训、集中授课、论坛研讨会等。总之，在职培训既要“干货满满”又要“生动有趣”是从业人员的迫切要求。

（四）3/4的一线社会工作者接受过专业督导，督导方式单一、督导者专业投入少是主要问题

社会工作督导是由资深的社会工作者对新手或初级工作人员进行持续的监督指导，进而促进他们成长并确保其服务质量的活动。对督导者来说，督导是一种管理或服务；对被督导者来说，督导是一种支持和教育的方式，对职业发展有重要意义。因此，我们把社会工作督导放在职业发展部分来报告。督导是专业性工作，督导的对象是一线社会工作者，管理、行政人员一般不会有督导。因此，我们在全部样本中挑出一线社会工作者来统计督导方面的内容。在全部一线社会工作者（994人）中，每月至少接受一次督导的比例为75.7%，换言之，在过去一年内有将近1/4的一线社会工作者没有接受过督导。按城市分析，北京、上海未接受过督导的比例较高，分别是42.3%和37.3%，广州、深圳的这一比例较低，都在10%以下，见表16。

对一线社会工作者而言，督导的效果依次有：帮助及时解决工作中的问题、提高专业能力、获得情感支持、提升对专业价值观的认同、缓解职业倦怠、增强职业认同等。不同城市的一线社会工作者对督导成效的感受

略有不同，北京社会工作者认为“督导帮助提升专业能力”的比例最高，而其他三市排在第一位的是“及时帮助解决工作的问题”。关于督导工作存在的问题，反映最多的依次是：督导方式单一、督导者行政工作多、对专业投入少、督导内容单调、督导者自身能力不足等。各城市大体上也是这些问题，但是排序略有差异。在北京和广州，督导方式单一被排在各项问题的第一位；而在上海和深圳，排在第一位的问题是督导者行政工作多、专业投入少。详见表 17。

表 16　社会工作者每月接受督导的频次（%）

	北京	上海	广州	深圳	全部样本
0 次	42. 3	37. 3	8. 6	7. 6	24. 3
1 次	20. 1	43. 1	28. 7	81. 1	45. 7
2 次	23. 2	8. 3	45. 0	11. 0	19. 6
3 次或以上	14. 4	11. 3	17. 7	0. 4	10. 4
合计	100. 0	100. 0	100. 0	100. 0	100. 0

表 17　社会工作专业督导存在的主要问题（%）

	北京	上海	广州	深圳	全部样本
督导自身能力不足	35. 6	27. 8	22. 0	25. 4	27. 5
督导者行政工作多、专业投入少	50. 5	52. 9	34. 4	61. 0	50. 7
督导方式单一	54. 6	46. 2	56. 9	53. 0	51. 9
督导内容单调	32. 5	33. 6	38. 3	32. 6	34. 1

说明：限于篇幅，本表只是对督导问题的多重响应分析的部分呈现。因为是多重响应分析，所以各城市比例的和超过 100%。

（五）一半人有过职业晋升经历，多数人认为未来一年升迁的可能性较小

职业晋升一直是困扰我国社会工作职业化的重要问题之一。前述统计表明，“没有发展机会”在更换工作原因中排列第二，仅次于“工资太低”。职业晋升含义丰富，这里仅指职位或职级晋升。在全部样本中，有过晋升经历的比例为 49. 3%，但是不考虑工龄笼统谈晋升意义不大。我们

以3年工龄为界，把3年以上工龄（不含3年）的调查样本挑出来看看其晋升的比例，结果发现在3年以上工龄的社会工作者中，有68.2%的人获得过晋升，换言之，有超过三成的人未获得过晋升，见表18。从城市看，广州晋升比例最高，超过80%；北京最低，只有50%。对未来一年获得晋升的可能性，多数调查对象认为并不乐观。根据表19，87.5%的调查对象认为未来一年获得晋升的可能性较小，认为晋升可能性较大的只有12.5%。北京、广州、深圳三市的调查对象认为晋升可能性大的比例都在15%左右，上海最悲观，只有3.9%的人认为晋升可能性较大。

表18　工作3年以上的从业人员晋升情况（%）

	北京	上海	广州	深圳	全部样本
晋升过	50.0	58.2	81.1	72.4	68.2
未晋升过	50.0	41.8	18.9	27.6	31.8
合计	100.0	100.0	100.0	100.0	100.0

表19　社会工作者未来一年晋升的可能性（%）

	北京	上海	广州	深圳	全部样本
可能性大	15.7	3.9	14.8	15.8	12.5
可能性小	84.3	96.1	85.2	84.2	87.5
合计	100.0	100.0	100.0	100.0	100.0

五、职业认同

（一）职业认同包括职业能力、职业地位、职业发展和职业忠诚四个因子，职业认同量表的信度和效度较好

职业认同是指从业人员对自己从事的职业在心理上的认可程度。为了测量职业认同，我们参考了相关职业认同研究成果，设计了包含23个指标的职业认同量表。通过公因子方差分析，删除共同度低于0.5的6个指标，最后职业认同量表包含17个指标。对该量表进行信度和效度分析，得出

Cronbach's Alpha 系数为0.808，KMO 统计值为0.844，Bartlett 球形检验的显著水平小于0.001，说明职业认同量表具有较高的信度，并且适合做因子分析。因子分析表明，可以从职业认同量表中提取4个因子，其累计解释总方差近70%（见表20），说明量表的结构效度较高。根据旋转因子矩阵，我们把四个因子分别命名为：职业能力、职业地位、职业发展和职业忠诚（见表21）。

表20　职业认同量表的主成分分析

成分	初始特征值			旋转载荷平方和		
	总计	解释变异	累积解释	总计	解释变异	累积解释
1	5.644	33.199	33.199	3.891	22.889	22.889
2	3.285	19.322	52.521	3.084	18.144	41.032
3	1.579	9.288	61.809	2.493	14.662	55.694
4	1.255	7.380	69.189	2.294	13.495	69.189

表21　旋转因子矩阵

	成分			
	职业能力	职业地位	职业发展	职业忠诚
我掌握了社会工作基本服务技能	.841			
我掌握了社会工作基本理论知识	.820			
我与服务对象有良好的互动	.783			
我在工作中能够做到得心应手	.765			
我与同事保持良好的关系	.757			
我与直接上司关系良好	.700			
社会工作者的社会地位正在逐步提高		.880		
社会对社会工作者的认可度越来越高		.863		
社会工作职业受到社会的尊重和好评		.849		

续表

	成分			
	职业能力	职业地位	职业发展	职业忠诚
社会工作是令人尊敬的职业		.709		
社会工作者的发展空间太小			.865	
目前社会工作者晋升机制不健全			.831	
社会工作者的收入没有多大吸引力			.714	
我不太看好社会工作者的前途			.643	
如果再次选择我仍然会选择社会工作				.829
尽管目前社会工作发展遇到一定困难，但我仍然坚持我的选择				.818
做一名优秀社会工作者是我的愿望				.788

提取方法：主成分。旋转法：具有 Kaiser 标准化的正交旋转法。旋转在 5 次迭代后收敛。

（二）职业认同整体偏向积极，但是对职业发展的认同度较低

职业认同量表是一个包含 17 个指标的 5 级李克特量表。通过因子分析，我们发现职业认同由职业能力、职业地位、职业发展和职业忠诚四个因子组成。统计表明，全部样本的职业认同总平均分是 3.45 分，其中职业能力平均分最高，为 4.0 分；职业发展得分最低，仅为 2.36 分。这说明从业人员整体职业认同偏向积极，但是对职业发展的认同度较低。职业发展因子包含收入、晋升机制、发展空间和职业前景四个指标。这四个方面也确实是当前我国社会工作职业化的薄弱环节。根据表 22，四个城市职业认同各因子得分与全部样本各因子得分的趋势一致，但是相互之间还呈现一定差异。上海职业能力得分最高，北京在职业地位、职业发展和职业忠诚上得分均领先其他城市，深圳职业发展得分最低，说明深圳的调查对象对职业发展的认识最为悲观。

表 22　社会工作者职业认同因子得分平均值

	北京	上海	广州	深圳	全部样本
职业能力	3.91	4.10	3.95	4.00	4.00
职业地位	3.86	3.48	3.59	3.62	3.63
职业发展	2.50	2.31	2.36	2.30	2.36
职业忠诚	3.84	3.82	3.82	3.83	3.83
总分	3.53	3.43	3.43	3.44	3.45

六、职业满意度

职业满意度是指从业人员在工资福利、组织管理、工作环境、人际关系等方面具有良性感受的心理状态。关于职业满意度，我们设计了一个5级李克特量表，包含7个指标：工资待遇、福利保障、职业培训、晋升机制、机构管理、同事关系、工作环境。统计结果见表23。在全部7个指标中，满意度超过3分的有同事关系、工作环境和机构管理，而工资待遇的满意度最低，仅为2.33分。这说明，社会工作行业整体职业满意度不高，特别是工资待遇和福利保障的满意度较低。

表 23　社会工作者工作满意度得分平均值

	北京	上海	广州	深圳	全部样本
工资待遇	2.60	2.37	2.24	2.21	2.33
福利保障	2.74	2.44	2.73	2.43	2.57
职业培训	2.87	2.94	3.08	2.90	2.94
晋升机制	2.75	2.59	2.83	2.73	2.72
机构管理	3.10	3.13	3.18	3.04	3.11
同事关系	3.58	4.00	3.88	3.94	3.87
工作环境	3.44	3.52	3.54	3.58	3.53

七、总结和建议

（一）调研总结

北京、上海、广州、深圳是我国最发达的四个城市，其社会工作职业化在我国也处于领先水平，因此本次调查在某种程度上能反映出我国社会工作职业化的大致轮廓。具体而言，本次调查可以得出如下结论。

1. 社会工作行业从业人员的教育程度较高，但是专业率和持证率有待提高

本次调查对象中，本科以上学历达到70%，一线社会工作者几乎全部拥有大专以上学历。但是，一线社会工作者中具有社会工作专业背景的比例不到50%，拥有助理社会工作师的比例刚刚超过50%，这说明行业整体教育程度比较高，但是专业素质还有待提高。

2. 劳动关系总体比较和谐，但是不规范现象依然存在

调查对象的劳动合同签订率很高，合同期间以1~3年为主，五险一金参加率也比较高，从业人员休息时间基本得到保障。但是仍有个别城市有一定比例不签劳动合同，各个城市加班现象普遍，五险一金缴费基数小、缴费金额偏少，带薪年休假的比例也有上升空间。

3. 工资待遇普遍偏低，职业发展瓶颈难以突破

各个城市从业人员的工资水平虽有差异，但是与当地在岗职工平均工资相比，仍有较大差距。除工资较低外，职业发展空间不足，职业前景不够明朗。造成这种状况的原因可能很多，但是我们认为，单一的政府购买服务方式是主要原因。一方面，政府购买社会工作服务的价格偏低；另一方面，社会工作机构的资金来源完全依赖政府。这种情况下，社会工作行业工资水平只能处于低水平，而且差距不大。

4. 从业人员离职倾向较强，职业流动较为频繁

业外离职倾向与业内离职倾向都比较高，而且前者高于后者。换言之，如果要离职，会有更多的人选择离开社会工作行业。工资待遇低、发展机会少、不认同机构管理方式是跳槽的三大主因。离职去向主要倾向于公益性和稳定性的单位。从实际流动情况看，全部样本从业时间中位数为

3 年，人均换工作的频次为 0.77 次。

5. 职业培训方式亟须改革，统一的督导制度亟待建立

职业培训存在的主要问题有培训方式单调、气氛沉闷，培训内容乏味，没有根据不同实务领域来分类培训。职业化初期那种满堂灌式的、知识传授型的培训已经不适应深度职业化的需要，职业培训方式亟须改革。另外，社会工作督导对提升专业水平非常重要，但是我国目前没有统一的督导制度，各城市督导行政化比较严重。

6. 职业认同整体偏向积极，但职业满意度不高

从业人员整体职业认同偏向积极，但是对包含收入、晋升机制、发展空间和职业前景的职业发展因子的认同度较低。行业整体职业满意度不高，特别是工资待遇和福利保障的满意度较低。

（二）政策建议

根据上述调查结果，我们认为，我国社会工作职业化还处于初级阶段，职业化水平有待提高，职业化发展需要转型升级。社会工作职业化转型升级应当坚持外延发展和内涵发展并重的原则，致力于“扩面、提质、增效”，直面工资待遇偏低和发展空间不足的行业关切，着力解决专业水平不高、职业流动频繁等关键问题，具体建议如下。

1. 完善“政府主导、民间运作”的体制机制

政府主导、民间运作是我国社会工作职业化的基本模式。十多年来的实践证明，这一模式对推动社会工作发展是有效的，但是也存在不少问题，主要有：政府在购买社会工作过程中过于强势，购买服务价格偏低；社会工作服务评估的行政化和管理性色彩太浓，评估的专业不足；社会工作机构的逐利倾向侵蚀了公益性和非营利宗旨，社会工作者的使命感受挫。因此，社会工作职业化要转型升级，首先要尊重社会工作者的独立品格和专业价值，以专业人才平均工资的标准来确定购买服务价格。要以专业性为导向，从评估主体、评估对象、评估标准、评估程序等方面改革社会工作评估体系。要以公益性和非营利性为导向，从财务审计、信息公开、行政处罚等方面加强对社会工作机构的监管。

2. 推动社会工作立法进程

我国社会工作职业化一直依靠各级政府的政策推动，其最高的政策依据可能是党的十六届六中全会提出的“构建宏大的社会工作人才队伍”。中央层面除了这一宣示性政策外，还有18部门发布的《关于加强社会工作专业人才队伍建设的意见》。地方层面多数也是民政部门和相关部门在推动社会工作职业化发展。也就是说，社会工作职业化一直是由政府部门来推动的，它并没有进入政府的工作议程，更没有进入各级人大的工作议程（少数几个城市除外）。政策推动的特点是宣示性强而执行力弱，这也是我国社会工作发展极不平衡的一个重要原因。为实现社会工作职业化转型升级，需要尽快推动地方人大立法或地方政府出台规章，形成法律、法规、政策相衔接的社会工作制度体系。

3. 推动农村社会工作事业发展

近十年来，我国社会工作职业化主要在城市推进，农村社会工作发展严重滞后，目前只有广东、湖南等少数省份开展农村社会工作。我国农村人口众多、幅员辽阔，社会工作服务的潜在需求巨大。发展农村社会工作对加强农村民生保障、改善农村社会治理、吸纳专业人才回乡创业就业都具有重要的意义；同时也有利于扩大社会工作职业化的规模，使社会工作从小众职业变为大众职业。根据广东和湖南的经验，发展农村社会工作要以乡村振兴为切入口，以提高民生保障水平为宗旨，由民政部门牵头协调、相关部门配合支持、社会组织广泛参与，在此基础上，由各地探索发展农村社会工作的具体模式。

4. 重视体制内社会工作岗位开发

在政府主导、民间运作的模式中，社会工作岗位几乎全部在体制外设立，社会工作服务全部由社会服务机构（民办非企业单位）提供。社会工作服务的民间化对社会工作的社会认可度和职业声望产生不利影响。目前，只有民政部门所属的事业单位设立了有编制的社会工作专业技术岗位。从国际经验看，民政、教育、卫生、司法、人力资源和社会保障等部门及其所属的事业单位都应该设置社会工作专业技术岗位，这些岗位既可以是有编制的，也可以是聘任制的。社会工作职业化转型升级要求社会工作岗位在体制内和体制外发展并重，当然“并重”并不意味着同等规模。开展体制内社会工作岗位主要是发挥其带动和引领作用，从规模上看，体制外社会工作仍然是未来社会工作服务的主体。

5. 探索多种社会工作发展途径

如前所述，目前的社会工作服务全部由社会服务机构提供，这种单一的提供主体已经显现出规模不断扩张但服务水平停滞不前的内卷化倾向。如同经济领域有多种所有制并存，社会服务领域也应该有多种形式的提供主体并存。社会工作服务主体除社会服务机构外，新型事业单位、法定机构也是可能的选择。新型事业单位是在事业单位改革中出现的新的公益性社会组织；法定机构是依法设立、自主管理、独立运作的公益性服务机构。两者在法律地位、运营模式、与政府关系等方面具有独特性，与社会服务机构相比各有一定的优势。多种服务主体并存有利于形成竞争性的服务市场，也有利于提高社会服务水平。

6. 培养社会工作服务精专人才

人才队伍建设是提高社会服务水平的关键。目前社会工作服务水平不高的直接原因是高水平的精专人才供给不足。高等学校社会工作专业偏重基本知识和基本理论的传授，专业领域和专业分工远没有像医学和法学那样细化。社会工作毕业生能掌握基本的操作模式，但是具体服务领域的技能特别是解决疑难问题的能力还远远不够。因此，高校社会工作教学改革迫在眉睫。除高校外，行业组织在培养人才方面也大有可为。行业组织要利用广结业缘、链接资源的组织优势，在培养社会工作服务精专人才方面发挥作用。例如，行业组织可以制定行业培训标准和服务标准，链接高校和行业资源开展分层次、分领域的专业培训和专业认证。

Transformation and Upgrading in Social Work Professionalization

——A Survey of Social Workers in Beijing, Shanghai, Guangzhou and Shenzhen

Xu Daowen

Abstract: The survey shows that the professionalization of social work in China is still in its infancy. The professionalization should be transformed and upgraded in China. The transformation and upgrading of social work professionalization should adhere to the principle of paying equal attention to both denotative development and connotative development, be committed to "expanding the scope, improving quality and increasing efficiency", face the concerns of low wages and insufficient development space, and strive to solve the key problems such as low professional level and frequent occupational mobility. Therefore, it is necessary to improve the system and mechanism of social work, promote the legislative process of social work, promote the development of rural social work, attach importance to the development of social work posts within the public service, actively explore new ways of social work development, and cultivate social work service talents.

Keywords: Beijing, Shanghai, Guangzhou, Shenzhen, Professionalization of Social Work, Transformation and Upgrading

中国社会工作学刊　第二辑
第 126~151 页

基于词频分析的社会工作者职业能力指标框架研究

邹学银　赵明思　陈司陶*

【摘要】目前，我国的社会工作领域尚未形成一套成熟的职业能力框架来指引社会工作专业教学、职业水平评价、继续教育的课程体系设计以及专业训练与实务领域的能力衔接。因此，本文以中国学术期刊网络出版总库为数据来源，收集截至2019年的国内社会工作职业能力领域的文献，对其中涉及社会工作职业能力的指标进行词频统计和分析，并根据词频反映的数据讨论该领域研究的现状，并对今后的社会工作职业能力研究提出建议。

关键词：社会工作者　职业能力　指标框架

社会工作者承担着服务社会大众和促进社会公平的职责，如果社会工作者不能很好地履行其职责并为社会大众提供良好的服务，这将严重影响到社会工作者的职业地位和职业声望，因此研究社会工作者职业能力框架既有现实紧迫性也具有战略意义。严格来说，成为专业的、职业的社会工作者要经过院校学习、工作经历、职业资格评价和继续教育等阶段。但一直以来，我国尚未形成一套成熟的职业能力框架来指引学校的社会工作专业教学、社会工作者职业水平评价、继续教育的课程体系设计以及专业训练与实务领域的能力衔接。这导致即使社会工作者接受过社会工作专业训练或通过职业水平资格评价，也难以保证他们能独立、高质量为社会大众提供服务。

---

* 邹学银，中国社会工作学会秘书长，全国社会工作标准化技术委员会秘书长；赵明思，北京社会管理职业学院讲师；陈司陶，中国社会工作学会项目主任。

事实上，以职业需要为导向设计社会工作者职业能力指标框架贯穿于社会工作者培养、评价和使用的全过程。一是在院校教育阶段，社会工作者职业能力指标框架使高校教育与实际工作需求联系更加密切。高等教育的目的是为将来的职业发展奠定基础的，高校所传授的知识只有与工作环境密切联系才能有助于未来职业发展。当前高校的社会工作教育大多还是注重学科式的培养，这与教育现行的指挥棒不无关系。能力框架可以为高校教育提供指引，使其关注社会需求，以职业能力为导向调整培养方式。二是在实际工作阶段，能力指标框架可成为职业指引。能力框架来自对真实工作的考察和实证，区分不同层次、不同专长，对每一项职能均有详细说明。对照能力框架，社会工作者可以找到差距及需强化的领域和知识，平衡发展知识与技能，个人能力可以得到最快速的提高。对于社会工作服务机构的管理者而言，可借助于能力框架对所管辖领域进行职能界定和岗位设置，能力框架是他们最好的手册。三是在职业水平评价过程中，职业能力指标框架为制定评价标准提供指南。以职业能力指标框架为指引更能体现实际工作的需求，更有效地评价社会工作者的真实水平，并能更好地区分初、中、高级社会工作师的能力，从而指引社会工作行业更有效地配置社会工作人才资源。四是在继续教育阶段，职业能力框架为课程设置打下基础。课程设置对后续教育甚为关键，课程设计者可以根据职业能力框架，推动工作岗位所需具备的知识和其他技能，形成更为系统的知识大纲。此外，职业能力框架为社会工作界与外界沟通、协作提供了便利，外界可据以了解社会工作者的工作范围和能力要求，不同国别的社会工作职业团体之间也可以比较社会工作职业能力的差异从而互相借鉴等。

本研究旨在梳理目前我国现有的与社会工作职业能力和胜任力相关的研究，整理现有的结论，明确现有研究潜在的漏洞，为今后社会工作职业能力研究明确方向。

一、国内外社会工作者职业能力框架研究

（一）国外社会工作者职业能力框架研究

被广泛引用的研究之一为 O’Hare 和 Collins 于 1997 年发表的文章，文

章中二人提出职业能力即为胜任力，即提供高效服务的能力，并通过编写实践能力问卷（practice skills inventory），对285名社会工作硕士学生进行调查，最终将社会工作职业能力分为四类，包括治疗技巧（therapeutic techniques）、个案管理（case management）、支持（supportive）、治疗计划和评估能力（treatment planning and evaluation skills）[①]。第二个影响较大的社会工作职业能力研究为Bogo于2010年提出的职业能力模型。Bogo认为，职业能力应该分为元能力（mega-competence）和程序性胜任力（procedural competence）两个部分。高阶层包括认知/理念（cognitive/conceptual），人际的/关系的（interpersonal/relational），个人的/专业的（personal/professional），价值/伦理（values/ethics）。程序性胜任力包括预估（assessment）、介入（intervention）和沟通/表现（communication/presentation）[②]。

基于对社会工作职业能力的理论探究，不少西方国家对社会工作职业能力在实践中的运用也提出了明确的要求。美国社会工作教育协会于2015年更新的《教育政策与认证标准》中明确提出社会工作专业生应具备的9项胜任力，包括表现出道德和专业的行为，在实践中体现多样性和差异性，促进人权和社会、经济和环境正义，从事以实践为基础的研究和以研究为基础的实践，参与政策实践，参与个人、家庭、团体、组织和社区，预估个人、家庭、团体、组织和社区，干预个人、家庭、团体、组织和社区，评估个人、家庭、团体、组织和社区中的实践[③]。根据该标准的要求，所有社会工作专业的本科及硕士生需在实习期掌握这9项胜任力及每项胜任力所对应的2至5项行为表现，并由实习督导就学生对9项胜任力的掌握情况进行打分后，根据分数判断是否满足毕业条件。因此，这9项胜任力不仅是对学校社会工作课程内容的指引，也是对社会工作专业毕业生就业能力的铺垫和判断标准。除教育要求之外，许多西方国家还会根据社会工作的专业领域，对从业者的能力进行严格的规范。Dijkman、Reehuis、

① O' Hare T , Collins P . Development and Validation of a Scale for Measuring Social Work Practice Skills [J] . Research on Social Work Practice, 1997, 7 (2): 228-238.

② Bogo, Marion. Achieving competence in social work through field education, 2010.

③ Council on Social Work Education. Educational Policy and Accreditation Standards, 2015.

Roodbol 在 2017 年对老年社会工作者的核心能力进行了研究。此次研究将老年社会工作者根据专业领域和职能分为专家、学者、政策倡导者、参与者等角色，并根据角色的划分，定义各个岗位的社会工作者应具备的核心能力。例如专家的定位为运用理论和事件知识指导服务，因此专家所必备的胜任力包括预估、问题的发现和分析、策划、基于专业标准的干预和评估能力；而合作者的定位为通过一对一服务提高服务对象的身心健康，因此需要资源链接和整合，以及支持和直接服务的能力①。目前，该研究已被欧洲多个国家应用。

（二）国内社会工作者职业能力框架研究

我国的社会工作发展至今也不乏专家学者对社会工作职业能力的研究。然而直至今日，尚未达成较为统一的定义。目前我国社会工作职业能力和胜任力研究路径主要分为以下几类：一是综合胜任力为基础的研究。例如董云芳（2011）通过文献分析结合访谈的方法就社会工作者的职业胜任力归纳出 4 项一级指标及 13 项二级指标，一级指标包括价值、个性、能力和知识②。二是以专业领域为基础的研究。刘斌志以知识、理念、技巧三个层面为基础，在精准扶贫、儿童、老年临终关怀、社区社会工作、人口促进、医务社会工作、青少年、老年、灾害、妇女、乡村振兴、退役军人安置等专业领域分别提出了社会工作者应具备的核心能力。三是以社会工作职业水平评价等级为基础的研究。周宏等（2009）以职业水平评价等级为切入点，借鉴了会计人才评价领域 IFAC 所倡导的基于胜任能力的方法，根据职能定位对我国社会工作者胜任力以初级、中级、高级三个层次为划分进行了定义。周宏等在文章中提出，初级社会工作者的职能定位为辅助工作性，即协助中、高级社会工作者开展工作；中级社会工作者的定位为实务操作性，即开展社会工作实务领域工作；高级社会工作者的定位

① Bea Dijkman, Lidwien Reehuis & Petrie Roodbol. Competences for working with older people: The development and verification of the European core competence framework for health and social care professionals working with older people, Educational Gerontology, 2017, 43: 10, 483-497.

② 董云芳．社会工作专业人才职业胜任力模型分析［J］．华东理工大学学报（社会科学版），2011，26（05）：41-48.

为管理研究型，即社会工作行政或研究工作。以此为基础，周宏等从职业知识、职业技能和职业价值观三个方面分别对初、中、高级社会工作者的职业能力进行了界定[①]。四是文献综述研究。雷杰和黄婉怡（2017）曾发表文章比较、梳理、分析了我国 6 篇对社会工作职业的研究，其中包括朱静君和阎安（2005）、蔡屹和何雪松（2012）、郸啸（2011）、林诚彦和卓彩琴（2012）、刘斌志（2013）、马灿（2013）。虽 6 篇文章都对社会工作者应具备的实务技巧有详细的论述，却仅有林诚彦和卓彩琴（2012）一篇文章提及伦理反思在社会工作中的重要性[②]。由此可见，目前我国对社会工作职业能力的研究路径和方法较为多元，且并未形成业界广泛认可的结论。

二、分析方法和数据来源

（一）分析方法

本研究分为两个部分，第一部分为针对社会工作职业的从业者所必备的能力采用文献梳理、关键词分析方法对现有的社会工作职业能力和胜任力定义进行分析。具体研究步骤分为以下四步：第一步，文献检索。以 CNKI 为数据库，采取高级检索的方式对全站文章进行检索。检索条件设置为：主题为“社会工作”并含关键词“胜任力”（精确）；或主题为“社会工作”并含关键词“能力建设”（精确）；或主题为“社会工作”并含关键词“职业能力”（精确）。第二步，文献筛选。对检索出的文献进行整理，筛选出对社会工作胜任力和职业能力的定义阐述清晰的文章。第三步，提取关键词。对符合筛选条件的文章中与社会工作职业能力、胜任力、能力建设相关的关键词进行提取，并根据文章中的研究方法、定义将文章中出现的关键词整理为一级指标、二级指标两类。第四步，指标整理。对一级指标和二级指标词汇进行初步整理，合并意思相同或近似的词语。

研究的第二部分为“职业能力”与“胜任力”两个关键词的比较研

① 周宏，付尚媛，梁楠．中国专业社会工作人才能力框架研究［J］．财经问题研究，2009（09）：103-109.

② 雷杰，黄婉怡．实用专业主义：广州市家庭综合服务中心社会工作者“专业能力”的界定及其逻辑［J］．社会，2017，37（01）：211-241.

究。数据来源为研究第一部分第二步中符合筛选条件的文献。在第一部分第二步、第三步关键词手动提取和整理的基础上对文献按照研究主题分为“职业能力”或“胜任力”两大类，并对两大类文献中手动提取的关键词分别进行归类、整理和比较。

（二）数据来源

以 CNKI 为数据库检索后选择中文文献，共得到 524 篇文献，包括 279 篇硕士论文、213 篇期刊文章、14 篇博士论文、7 篇国际会议文章、6 篇学术辑刊文章和 5 篇报纸文章。以是否包含“职业能力”“胜任力”二词的定义和评判指标为标准筛选出 54 篇文章，发表年份为 2008 年至 2019 年。54 篇文章中，共有 14 篇提出社会工作职业能力或胜任力的一级指标；11 篇仅有二级指标；26 篇在一级指标的基础上细化出二级指标；3 篇指标级别不明确，结合文中研究方法和语境归类为二级指标。对一级指标和二级指标词汇进行初步整理，合并意思相同或近似的词语，如“伦理价值”和“伦理价值观念”，“专业知识”和“社会工作知识”等。

54 篇文章中，刘斌志所占文章总数为 13 篇，包括 1 篇《论我国人口促进社会工作者核心能力的培育》和 12 篇针对社会工作精准扶贫、儿童、老年临终关怀、社区社会工作、人口促进、医务社会工作、青少年、老年、灾害、妇女、乡村振兴、退役军人安置等领域胜任力研究的文章。因 13 篇文章的理论基础相同，所提出的职业能力框架一致，为避免刘斌志一人的研究影响本次文献综述结果，故仅选取《论我国人口促进社会工作者核心能力的培育》一篇文章做频次统计。

三、研究结果

（一）整体分析

通过 CNKI 对初步筛选出的 54 篇文章的源信息批量导出，使用 CiteSpace 5.6.R2 软件对文章原有的关键词进行聚类分析，设置时区选择为 2008 年至 2019 年，以时间线模式（timeline）呈现后得到图 1。软件对关键词进行聚类分析，形成 7 个维度，聚类按照递减顺序排列，分别是社会工作、胜任力、核心能力、职业能力、模型、专业核心能力和社区社会工作者。维度中的关键词为涉及该维度关键词的文章中所标注的其他关键词，从左至右按照时间远近顺序排列。从关键词出现的整体频次来看，社会工作者一词出现频率最高，其次是社会工作，其他排序靠前的高频词汇分别是胜任力、核心能力、职业能力、社区社会工作者、能力建设、胜任力模型、专业核心能力等。在 54 篇文献中，“模型”一词最早出现于 2008 年的文献中；而“专业核心能力”一词出现时间最晚，在 2018 年的文件中才有提及。在所有维度中，社会工作、胜任力维度的词汇连线较多，表示关联度较高，与同一维度或其他维度词共同出现的次数较高。从关键词发展趋势来看，从 2008 年至 2019 年关键词数量逐渐增多。与社会工作胜任力、核心能力和职业能力相关的文章发表时间主要集中在 2010 年至 2013 年，且主题集中在胜任力模型、胜任力、核心能力等较为宽泛的概念。而 2016 年之后的文献涉及的关键词相较于 2013 年之前的词汇有明显的领域划分的趋势，例如协同治理、青少年事务、留守老人、临终关怀等词汇，研究方向较 2013 年以前更为具体。

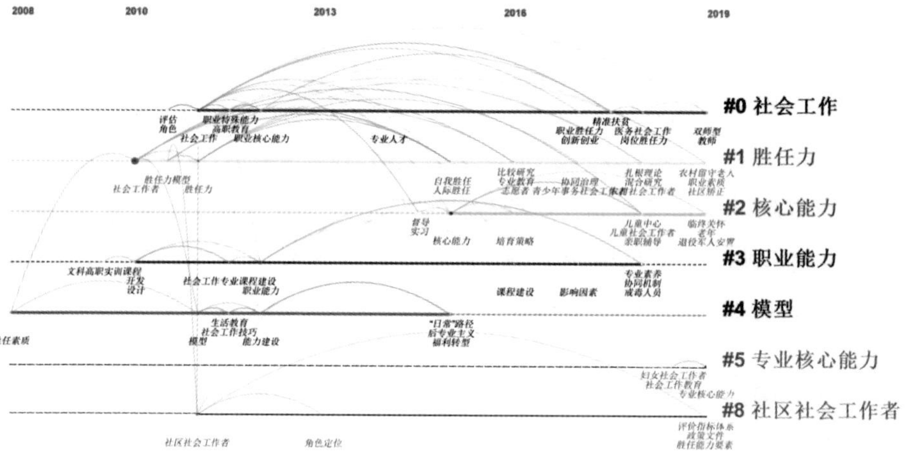

图 1　关键词聚类分析时间线视图

通过 CiteSpace 的时区视图（timezone）对 54 篇文献的关键词的演进进行分析。设置时区选择为 2008 年至 2019 年，时间切片为 1，度中心性（degree）为 3，可视化结果见图 2。图中横轴为关键词首次出现的时间。关键词之间的连线代表两个关键词同时出现在一篇文章中。同时间线视图的结果相似，从时区图谱关键词的整体分布来看，2008 年至 2012 年的文章热点主要围绕“社会工作”“职业能力”“社区社会工作者”等综合型词语，而 2013 年至 2019 年的文章热点相对分散在各个专业领域，如“医务社会工作”“禁毒社会工作者”等。该图像中共出现以下几个高频关键词节点，分别是：“社会工作者”一词出现 16 次，最早出现于 2010 年的文献；“胜任力”一词出现 9 次，热点集中在 2011 年；“社会工作”一词出现 10 次，最早出现于 2011 年；“能力建设”出现 6 次，热点集中于 2012 年；“核心能力”一词出现 9 次，主要热点集中在 2015 年；“专业核心能力”一词出现 4 次，热度集中在 2019 年；“职业能力”出现 7 次，主要集中在 2012 年。通过时间节点的分布可以看出，“胜任力”与“职业能力”二词的研究主要集中在同一时期，而围绕“核心能力”一词的研究在时间上相对滞后。

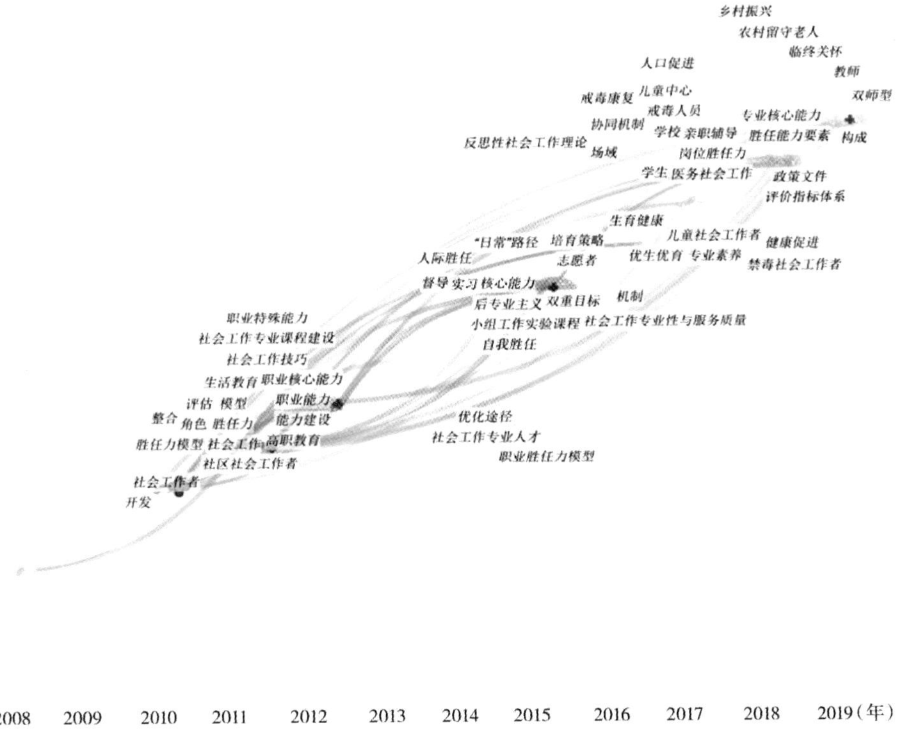

图 2　关键词时区视图

（二）一级指标分析

54篇文献中筛选出40篇含有一级指标的文章，其中13篇为刘斌志撰写的文章，剔除12篇框架重复的文章后共对28篇文章的一级指标框架进行归类，结果如表1所示。28篇文章中，6篇文章采用“知识-能力-价值”框架，3篇文章在“知识-能力-价值”框架的基础上加入个人特质。整体来看，一级指标框架难以被归类，无法形成参考性强的框架体系。

表1　一级指标框架频次统计

一级指标框架	频次
知识 能力 价值	6
知识 能力 价值 个人特质	3
知识 能力 个人特质 政治素养	1
知识 价值 特质 动机	1
知识 能力 自我概念	1
核心能力 特殊能力	1
专业能力 职业能力	1
一般能力 专业能力	1
基本职业能力 专业职业能力	1
基本职业能力 综合职业能力	1
基本素质能力 基本职业能力 差异竞争力	1
专业能力 方法能力 社会能力	1
规范服务 反思 专业素养 协同能力	1
理论 方法技巧 专业经验 价值伦理	1
价值理念 行政能力 服务能力	1
帮助与服务素质 专业素质 领域素质 协同素质	1
政治素质 个人特质 业务能力	1
品德 业务能力 工作方法 管理能力 沟通能力	1
道德力 专业力 创造力 敬业精神	1
职业角色 专业技能 个人特质	1
实践功能 社会工作技巧 自我能力	1

对40篇文章中关于社会工作胜任力、职业能力的关键词进行手动提取和初步合并后得到的结果如表2所示。表2中所示为40篇文章中所有的一级指标关键词及其频次，同一行中的词汇意思相近或在语境中意思区别不清晰，故分为一类。初步归纳后共有一级指标词汇39个，形成21个大类，其中频次最高的为价值理念，在40篇文章中共出现10次。所有一级词汇中共有26个词语仅出现了一次。从关键词出现的频次整体来看，目前有关职业能力和胜任力的讨论大多集中在价值理念、知识、个人特质和能力四大类别的关键词中。其中，能力类别的词汇数量最多、频次最多，且词与词之间的定义区分并不明确。由此可见，一级指标的分类框架上有些许相似之处，但是具体各项的区分和定义尚不清晰。

表2　一级指标关键词频次统计

关键词	频次	相关词	频次	相关词	频次	相关词	频次	相关词	频次
价值理念	10	道德	2	品德	1				
知识	9	理论知识	2	专业知识	1				
个人特质	7	个性	1						
能力	3	工作能力	1						
专业能力	3	专业职业能力	1	专业力	1				
技能	2	实践技能	2	技巧	1	实务技能	1	职业技能	1
业务能力	2	综合职业能力	1	核心能力	1	特殊能力	1	职业能力	1
基本职业能力	2	基本能力	1	通用能力	1				
工作方法	2								
政治素质	2								
行政能力	1								
服务能力	1								
社会能力	1								

续表

关键词	频次	相关词	频次	相关词	频次	相关词	频次	相关词	频次
动机	1								
管理能力	1								
沟通能力	1								
创造力	1								
敬业能力	1								
职业角色	1								
自我能力	1								
自我概念	1								

（三）二级指标分析

54篇文献中筛选出40篇含有二级指标的文章，对文中关于社会工作胜任力、职业能力的关键词进行手动提取和初步合并后得到的结果如表3所示。表3中为40篇文章中所有的二级指标关键词及其频次，同一行中的词汇意思相近或在语境中意思区别不清晰，故分为一类。初步归纳后共有二级指标词语128个，形成48个大类。对高频词及其相关词进行排列、归类后涉及频率最高的词语是沟通，除此之外价值、专业知识、服务能力、专业方法和技巧、人际交往能力等词的频率也较高。以二级指标词汇的数量及出现的频率综合来看，40篇文章中对于界定职业能力和胜任力的二级指标的认知各不相同，但主要讨论热点集中在沟通、价值理念等意识形态、知识、服务能力、人际交往能力、应变能力、创新能力、组织管理能力、个人特质等方面。相较于一级指标词汇，二级指标词汇中低频次所占比率明显增高。

表 3　二级指标关键词频次统计

关键词	频次	相关词	频次	相关词	频次	相关词	频次	相关词	频次	相关词	频次	相关词	频次	相关词	频次
沟通	11														
价值	9	道德	3	态度	2	政治素养	2	思想素质	2	职业伦理能力	1	社会主流价值观	1		
专业知识	8	领域知识	6	理论知识	5	综合知识	4	政策法规知识	2	实践知识	1	事实知识	1		
服务能力	8	业务能力	1												
专业方法和技巧	7	将知识转化为行动的能力	2												
人际交往能力	7	社会交往能力	1	人际关系	1	社会能力	1								
团队协作能力	6	协同能力	2	协作	1										
创新能力	6														
应变能力	6														
反思	5														
内驱力/主动性	4	成就导向	2	正向期待	1										
专业素养	3	服务意识	2	关怀他人	2	有爱心	1	真诚理解与关爱	1	培养他人	1	同理	1	情感性	1
写作能力/书面表达	3	表达能力	2	外语能力	2	口头表达	1								

续表

关键词	频次	相关词	频次	相关词	频次	相关词	频次	相关词	频次	相关词	频次	相关词	频次	相关词	频次
组织管理能力	3	管理能力	2	项目管理能力	1	行政能力	1	管理学知识	1	策划	1				
解决问题能力	3	干预	1	执行力	1										
评估	3														
督导能力	3														
自我能力	2	自我管理能力	2	了解接纳自己	2	自我调节能力	1								
敬业	2	奉献	2	有耐心	1	坚韧态度	1	意志力	1	责任心	1				
自信心	2	亲和力	2	诚实正直	1	性格	1								
组织能力	2	协调能力	2	统筹协调能力	1										
信息处理能力	2	信息收集能力	2	数字应用能力	1										
实务操作能力	2	实践力	1	专业实践能力	1	专业技术能力	1	实践工作	1	工作能力	1				
抗压力	2	有恒心	1	自我成熟	1	自我调节	1	环境适应力	1						
持续学习能力	2	学习能力	1	自我学习能力	1										
计算机操作知识	2	新兴媒体运用能力	1												
资源整合	2														
文化能力	2														

续表

关键词	频次	相关词	频次	相关词	频次	相关词	频次	相关词	频次	相关词	频次	相关词	频次	相关词	频次
心理学知识	2														
综合分析能力	2														
思维方式	1	分析判断能力	1	前瞻性思维	1	独立思考能力	1	感悟力	1						
跨专业特长	1	医学知识	1	社会学	1	人类行为与社会环境知识	1								
大局意识	1	发展规划能力	1	拓展能力	1	控制过程和引导能力	1								
社会角色灵活度	1	角色适应能力	1	身份认同	1	专业角色扮演能力	1								
促进	1	使能	1												
空间判断能力	1	了解社会环境的能力	1												
基本能力	1	通用工作能力	1												
专业经验	1	生活经验	1												
解决问题能力	1														
全局观念	1														
公平正义	1														

续表

关键词	频次	相关词	频次	相关词	频次	相关词	频次	相关词	频次	相关词	频次	相关词	频次	相关词	频次
行为性	1														
认知意识	1														
社会调查能力	1														
公关能力	1														
心理意识	1														
持证情况	1														
规范服务	1														

（四）胜任力与职业能力比较研究

符合筛选条件的 54 篇文献中，共有 33 篇以职业能力为研究关键词，另有 17 篇以胜任力为研究关键词，其余 4 篇的关键词为专业能力。因 4 篇以专业能力为关键词的研究在定义、研究结果等方面均与职业能力研究框架类似，故分在职业能力分类中。将职业能力类别的 37 篇文章中的一级关键词进行手动提取并作初步整理后结果如表 4 所示。职业能力类别的文献中一级关键词出现的频次顺序与表 2 所示的整体关键词频次统计结果相似，频次呈现最高的四类词汇按照频次高低顺序分别是价值理念、专业能力、知识和基本职业能力。其中，能力相关的关键词出现频次与整体关键词频次统计结果相比排名较高。将以胜任力为研究关键词的 17 篇文献中的关键词进行提取并整理后结果如表 5 所示。一级词汇中频次最高的四类词汇为知识、价值理念、个人特质和技能，与整体关键词整理结果完全一致。

表 4　职业能力一级词汇频次统计

关键词	频次	相关词	频次	相关词	频次	相关词	频次
价值理念	4	道德	1				
专业能力	2	专业职业能力	1	专业力	1		
知识	2	专业知识	1				
基本职业能力	2	基本能力	1				
个人特质	2						
综合职业能力	1	核心能力	1	特殊能力	1	职业能力	1
实践技能	1	技巧	1	职业技能	1		
能力	1						
工作方法	1						
行政能力	1						
社会能力	1						
创造力	1						
敬业能力	1						
自我能力	1						

表 5 胜任力一级词汇频次统计

关键词	频次	相关词	频次	相关词	频次
知识	7	理论知识	2		
价值理念	6	道德	1	品德	1
个人特质	5	个性	1		
技能	2	实践技能	1	实务技能	1
能力	2	工作能力	1		
业务能力	2				
政治素质	2				
专业能力	1				
工作方法	1				
服务能力	1				
动机	1				
管理能力	1				
沟通能力	1				
职业角色	1				
自我概念	1				
通用能力	1				

运用与上述同样的方法对职业能力类别与胜任力类别文献的二级关键词进行提取和整理，结果如表 6 和表 7 所示。职业能力类别中频次最高的二级关键词分别是知识、人际交往、沟通、创新、价值、方法和技巧、服务能力、反思、团队协作、解决问题能力；而胜任力类别的高频词汇为沟通、知识、价值、能力、方法和技巧、团队协作、应变、内驱力、管理能力、表达等。与二级词汇整体整理结果相比较，高频词汇沟通、知识、价值、方法和技巧也均出现在职业能力类别和胜任力类别的高频关键词中。而职业能力与胜任力类别中余下的高频关键词虽在排序中有些许区别，但也属于整体整理结果中频次较高的词汇。因此，从整体来看，职业能力类别与胜任力类别的一级关键词与二级关键词整体整理结果相似，并没有显现出明显的区别，且二者之间相似度较高。

表 6　职业能力二级词汇频次统计

关键词	频次	相关词	频次	相关词	频次	相关词	频次	相关词	频次	相关词	频次
领域知识	5	综合知识	4	理论知识	3	专业知识	2	实践知识	1	事实知识	1
人际交往能力	5	社会交往能力	1	社会能力	1						
沟通	5										
创新能力	5										
价值	4	道德	2	政治素养	1	思想素质	1				
专业方法和技巧	4	将知识转化为行动的能力	2								
服务能力	4	业务能力	1								
反思	4										
团队协作能力	3	协同能力	2	协作	1						
解决问题能力	3	干预	1	执行力	1						
应变能力	3										
自我管理能力	2	了解接纳自己	2	自我能力	1						
实务操作能力	2	实践力	1	专业实践能力	1	实践工作	1	工作能力	1		
管理能力	2	行政能力	1	策划	1						
专业素养	2	关怀他人	1	情感性	1						

续表

关键词	频次	相关词	频次	相关词	频次	相关词	频次	相关词	频次	相关词	频次
表达能力	2	外语能力	1								
组织能力	2										
评估	2										
督导能力	2										
发展规划能力	1	拓展能力	1	控制过程和引导能力	1						
分析判断能力	1	独立思考能力	1	感悟力	1						
内驱力/主动性	1	成就导向	1								
自信心	1	性格	1								
信息处理能力	1	数字应用能力	1								
持续学习能力	1	自我学习能力	1								
资源整合	1										
文化能力	1										
促进	1	使能	1								
空间判断能力	1	了解社会环境的能力	1								
基本能力	1	通用工作能力	1								

续表

关键词	频次	相关词	频次	相关词	频次	相关词	频次	相关词	频次	相关词	频次
专业经验	1	生活经验	1								
奉献	1	意志力	1								
角色适应能力	1	专业角色扮演能力	1								
行为性	1										
认知意识	1										
社会调查能力	1										
持证情况	1										
规范服务	1										
新兴媒体运用能力	1										
抗压力	1										
跨专业特长	1										

表 7　胜任力二级词汇频次统计

关键词	频次	相关词	频次	相关词	频次	相关词	频次	相关词	频次	相关词	频次	相关词	频次
沟通	6												
专业知识	6	领域知识	1	理论知识	2	政策法规知识	2						
价值	5	道德	1	态度	2	政治素养	1	思想素质	1	职业伦理能力	1	社会主流价值观	1
服务能力	4												
专业方法和技巧	3												
团队协作能力	3												
应变能力	3												
内驱力/主动性	3	成就导向	1	正向期待	1								
组织管理能力	3	项目管理能力	1	管理学知识	1								
写作能力/书面表达	3	外语能力	1	口头表达	1								
服务意识	2	专业素养	1	关怀他人	1	有爱心	1	真诚理解与关爱	1	培养他人	1	同理	1
敬业	2	奉献	1	有耐心	1	坚韧态度	1	意志力	1	责任心	1		
亲和力	2	诚实正直	1	自信心	1								
信息收集能力	2	信息处理能力	1										
协调能力	2	统筹协调能力	1										

续表

关键词	频次	相关词	频次	相关词	频次	相关词	频次	相关词	频次	相关词	频次	相关词	频次
人际交往能力	2	人际关系	1										
计算机操作知识	2												
心理学知识	2												
综合分析能力	2												
抗压力	1	有恒心	1	自我成熟	1	自我调节	1	环境适应力	1				
医学知识	1	社会学	1	人类行为与社会环境知识	1								
自我能力	1	自我调节能力	1										
持续学习能力	1	学习能力	1										
思维方式	1	前瞻性思维	1										
社会角色灵活度	1	身份认同	1										
大局意识	1												
资源整合	1												
文化能力	1												
全局观念	1												

续表

关键词	频次	相关词	频次	相关词	频次	相关词	频次	相关词	频次	相关词	频次	相关词	频次
公平正义	1												
公关能力	1												
心理意识	1												
专业技术能力	1												
创新能力	1												
反思	1												
评估	1												
督导能力	1												

四、讨论与建议

（一）讨论

本文对现有文献的梳理结果表示，关于“胜任力”和“职业能力”的研究数量较少，且多数研究方法不明确。目前，建立以职业能力为导向的社会工作课程设置已成为社会工作教育界的共识。同时，推动社会工作职业发展的相关政策和研究层出不穷。然而，即便是在这样的背景下，社会工作能力相关的研究仍然数量有限，明确提出社会工作职业能力和胜任力概念的研究更是寥寥无几。在本文研究涉及的54篇文献中，仅有15篇文章采用了问卷、访谈、文献综述、个案分析、统计分析等有科学依据的方法对社会工作职业能力和胜任力概念进行研究，但样本数量普遍较少。可见，以职业能力为本的社会工作发展道路上还缺少关键性的理论研究，尤其缺乏量化、样本量大的研究。

梳理研究发现，胜任力与职业能力二词的定义区分不明确。原因有三：一是以职业能力为研究关键词的文章中所引用的理论基础与以胜任力为研究关键词的文章高度相似。大部分文章都在文献综述中引用了McClelland（1973）关于胜任力的研究，而翻译却各不相同。其中，有几篇文章虽明确提出“职业能力”或“专业能力”作为研究关键词，却在英文理论参考时运用了“competence”一词，可见何为职业能力、何为胜任力、competence一词如何翻译在本次研究所涉及的文章中并不明确。二是从职业能力和胜任力二词作为研究关键词出现的时间来看，二者相关的研究集中在同一时期。出现该情况的可能性有两种，一种是二词关联度较高，属于同一研究领域却在概念上有明确的划分。然而，该研究中呈现的多篇文章的研究背景中未阐述基础理论概念和概念引用不统一等现象并不支持这种可能性。另一种是二词概念上的界定和区分比较模糊或存在争议，因此二词在研究中的概念被模糊化或混合处理。综合来看，该可能性概率较高。三是从一级指标和二级指标的整理归纳结果也可以看出，职业能力与胜任力类别的一级及二级指标词汇高度相似，可见目前二词不仅从定义上难以区分，在内容上也较为模糊。

综合来看，在何为社会工作者必须具备的能力这个议题上分歧也较为明显，导致了目前研究无法形成统一结论的状况。从一级和二级关键词的分析结果来看，低频词汇所占比重较大，高频词汇意思相近的词汇较多。例如“职业能力”“专业能力”“职业技能”“业务能力”等词定义不清晰，可见对于“能力”这一层面的争议还比较大。从整体来看，54 篇文章中已初步形成了社会工作者职业能力/胜任力框架，主要包括价值理念、知识、能力和个人特质四个层面，而这四个层面中具体如何划分还有待后续研究深入探讨。

（二）建议

1. 进一步厘清社会工作职业能力的概念

随着中国社会工作的专业化和职业化发展，“以职业能力为基础”的人才培养和使用逐渐得到各界的共识。然而，大家对“职业能力”的概念存在着多种多样的理解，甚至在笔者收集的众多关于社会工作职业能力研究的文献中，大多缺乏对社会工作职业能力概念的基本界定和阐述。对社会工作职业能力的不确切认识，导致了社会工作人才培养目标的偏差和职业水平评价标准的模糊。一方面，在社会工作专业教育研究和实践中，人们对能力、资格和技能三者的区别关注不够，对这些概念的使用混乱而不准确；另一方面，由于缺乏系统的理论基础和必要的实证依据，不但很难取得高水平的研究成果，还会给社会工作教育和实践带来困惑。因此，有必要进一步对社会工作职业能力的理论基础进行梳理，对其概念进行厘清，否则目前关于社会工作职业能力的研究有可能退化为表面的形式上的概括，难以真正指导社会工作教学和实践。

2. 加强对社会工作职业能力的科学研究

目前，对社会工作职业能力的研究大多还停留在概念性的思考上，由于缺乏实证基础和科学的研究方法，还很难称得上真正的“职业能力研究”。理论研究和实证研究存在相互依赖关系，要想使能力研究取得实质性进展，必须在科学方法和实证研究方面有所突破。为了保证社会工作职业能力研究的客观性、可靠性和有效性，既需要开展针对个体职业能力的深入的诊断式的研究，也需要来自不同地区和不同类型的社会工作从业人员的职业能力发展水平的数据支撑，因此开展职业能力的实证和量化研究具有特别重要的意义。

3. 促进社会工作职业能力标准建设

社会工作职业能力标准是社会工作对从业人员工作能力水平的规范性要求，可以为专业人才培养、职业水平评价提供依据，为专业教育和人才使用的衔接架起桥梁，进而有力解决人才培养和人才使用两张皮的问题。除了上述注重理论梳理和实证研究外，社会工作职业能力标准的研制要注意以下两方面问题：一是要注意其结构性，将社会工作职业能力要素按照其相互联系和作用的方式等规律组合成统一的体系，各要素之间要形成基础前提和制约条件并存的协同关系，使职业能力标准整体具有一定的稳定性和灵活性。二是要注意职业能力标准的层次性，如初、中、高级社会工作者的职业能力标准应是具有层级性的，要认真研究不同层级标准的结构和功能。各层级之间的职业能力既有差异又有关联，最终形成多维度、多层次的社会工作职业能力标准。

Research on the Indicator Framework of Social Workers' Occupational Competence based on Keywords Frequency Analysis

Zou Xueyin, Zhao Mingsi, Chen Sitao

Abstract: At present, the field of social work in China has not formed a set of mature competence framework to guide the teaching of social work, the occupational evaluation, the curriculum design of continuing education and the competence coherency between professional training and in-vivo practice. Therefore, using China Academic Journal Network Publishing Database as the data source, this research collected literature published by the end of 2019 regarding the domestic social work occupational competence. We analyzed the frequency of social work professional competency indicators, discussed the status of existing research, and proposed suggestions for future studies.

Keywords: Social Worker, Occupational Competence, Indicator Framework

中国社会工作学刊　第二辑
第 152~167 页

抗击新冠肺炎疫情背景下社会工作本土化的传统文化基因*

黄耀明**

【摘要】中国取得抗击新冠肺炎疫情阻击战胜利之所以充分发挥制度优势、力量优势和速度优势，中国人民深受传统文化基因影响所展现出来的优秀国民性格禀赋具有重要作用。相比于西方国家的所谓“民主至上”，中国人的生命至上、仁爱和谐、家国情怀及修身养德等性格使人民能自觉居家隔离自律，为国家能够在短时间内将一个拥有 14 亿人口的大国按下暂停键作出独特贡献。中国社会工作发展的历史表明，本土社会工作发展无法简单移植发端于西方的社会工作知识体系，必须重视中国传统文化基因对中国人行事理路的长期影响，深度挖掘中国传统文化基因建构本土社会工作理论、知识与方法。发挥社会工作专业优势，在新时代回应中国具体社会问题的过程中展现新作为。

关键词：社会工作　新冠肺炎疫情　本土化　中国传统文化

一场世纪性新冠肺炎疫情流行病如灾难般在全球范围蔓延，其犹如一面照妖镜，东西方价值观、制度体系、文化传统、国家力量的差异在抗击疫情面前被全面曝光，一览无遗。一方面是东方的中国在“人民中心”

---

* 本文系国家社会科学基金“十三五”规划教育学重点课题（AFA190010）和闽南师范大学科研课题（MS201730）的阶段性成果。

** 黄耀明，闽南师范大学法学与公共管理学院副院长、教授，主要研究方向：社会工作、乡村振兴、老年学及闽台社会与文化。

“生命至上”的理念指导下，以强大的国家力量将制度优势、速度优势、力量优势、效率优势、文化优势发挥得淋漓尽致，在短时间内成功对全国14亿人口按下暂停键，顺利控制住新冠肺炎疫情蔓延，充分展示出强大的国家治理能力和政府信任，并用大国担当的情怀将中国经验传递到需要帮助的国家和地区，为人类命运共同体共同抗击新冠肺炎疫情作出重大贡献。另一方面则是以美国、英国、澳大利亚等国为代表的西方国家将新冠肺炎疫情政治化，挑起民族仇视和政治敌对，采取利益至上、“污名化”中国武汉、“甩锅”中国和世卫组织等一贯的霸凌行动，使西方人民的生命安全和经济社会发展面临重大威胁，政府受到严重的信任危机挑战。短短几个月的时间，从新冠肺炎疫情暴发初期的“逃离中国”“隔离中国”“污名中国”到如今的“中国安全”“中国援助”“需要中国”，简直是冰火两重天。如何重新认识东西方政治体制、价值体系、社会结构与文化传统差异在应对本次疫情的表现之别自然成为学界热议的一大焦点。

以“历史终结论”著称的美国学者弗朗西斯·福山（Francis Fukuyama）尽管拒绝以体制论高低的简单二分，按照其习惯的思想脉络提出应回到国家能力的议题上研究疫情治理的行动，但他也反思到美国紧急状态下行政权扩张是从美国建国以来持续推进的政治实践，特朗普政府持续一贯奉行的单边主义和草率行动可能会让这种有序的传统面临严重的信任危机①。其实这个灾难性危机不仅在国际上造成经济大萧条、世界格局大调整和国际合作大衰退，而且在美国国内也引发了感染病毒人数和死亡人数飙升、美股历史性连续熔断、两党纷争、民众指责抗议等严重经济社会危机。表面上看，这好像是美国特朗普当局忽视新冠肺炎疫情的严重性和应对疫情综合能力的不足等因素所引发的后果。但从深层次上看，西方社会民众和中国百姓在应对疫情面前表现出来的生命与人权孰轻孰重、自律和他律行为差异、应对疫情公共卫生危机的社会日常生活方式等都反映出不同国家传统文化与行为惯习的迥异。中国人受几千年传统文化的影

① 弗朗西斯·福山．应对新冠危机，亟须破除“唯体制论”！大西洋月刊，2020-3-30.

响，逐渐形成了生命至上、仁爱和谐、坚韧不拔、家国情怀及修身养德等国民集体性格，在应对新冠肺炎疫情公共卫生危机面前，14 亿中国人表现出极大的自律精神、家国情怀和社会担当。反观西方国家，人们在长期的所谓“民主”“人权”“利益”“个性”等“社会理性”浸染下，形成了极度自我和现实的个人主义行为风格。从传统文化基因的角度来探讨东西方应对新冠肺炎疫情差异和专业社会工作服务可以提供另一个分析问题的视角。

一、社会工作本土化发展的主要问题

社会工作作为一种助人的专业和职业是为回应西方社会问题而产生和发展起来的，其理论知识体系建构、专业方法凝练及实践积累同样与西方文明息息相关。无论是最初以个案工作为取向的慈善组织会社（Charity Organization Society，COS），还是倡导社区改良的睦邻组织运动（The Settlement Movement），都带有很明显的西方文化印痕。如慈善组织会社在“友善访问员”的助人实践中强调个人应对其贫困负责，接受公共救济将摧毁贫民的自尊心、进取心和道德观念，主张只对那些“值得”救济的贫民施以救济。这种阶层差别的方式在今天美国应对新冠肺炎疫情中同样表现得非常明显，权贵富裕阶层自然得到最好的防护措施与医疗救治，而社会脆弱群体在恶劣的居住和卫生条件下不仅得不到应有的医疗救治，甚至连基本的保持社交距离、勤洗手及日常工作与生活都无法得到保障。而中国则不同，从“天下大同”“天下为公”到“以人民为中心”“共享”理念等都在倡导全民族一个不落地无差别化共同发展和分享社会进步成果。党的十九大以来践行的“精准扶贫”行动更是将扶贫工作的价值遵循提到一个新的战略高度。习近平总书记指出：“贫穷不是社会主义。如果贫困地区长期贫困，面貌长期得不到改变，群众生活长期得不到明显提高，那就没有体现我国社会主义制度的优越性，那也不是社会主义。”① 可以说，消除贫困、改善民生、实现共同富裕是社会主义的本质要求，这与西方制

① 习近平．在党的十八届二中全会第二次全体会议上的讲话，2013-2-28.

度中的贫困视角和差别化对待显然存在明显差异。

推进社会工作本土化议题进入学界视野几乎伴随着整个中国社会工作的发展历程。王思斌很早就重视这方面的研究，强调“社会工作在中国的本土化是指产生于外部的社会工作模式进入中国（这是一套经济的、政治的、社会文化的制度体系），同其相互影响进而适应中国社会的需要而发挥功能的过程。在这里应该注意的是社会制度的异质性和文化的差异，舍此，我们就不必谈论本土化问题”①。至于如何推进社会工作本土化，王思斌也提出了自己的见解：一是删去西方社会工作与中国国情不相容之处，再应用于中国实践，并接受实践检验；二是对实际社会工作从业人员进行专业培训，促使国际社会工作经验与本土社会工作进行比较和碰撞；三是比较中西社会工作之异同，强化二者之间的亲和性；四是扩大社会工作实践的相容性，以实现本土化进程的优势互补②。在实践层面，国家及地方各个层面从宏大社会工作人才队伍建设、社会工作职业水平评价制度建设、社会工作学科及知识体系建构、社会工作专业服务领域拓展、社会工作专业服务方法创新等方面进行了很多有益的探索。广大的实务社会工作者在回应社会问题、化解社会矛盾、提升群众福祉等方面展示新作为，尤其在帮助汶川大地震灾区重建过程中发展出独具特色的灾害社会工作，在推动农村发展和乡村振兴进程中探索出“广东双百计划”式的农村社会工作，在新冠肺炎疫情阻击战中创新出“隔离社区点服务——线上督导”社会工作服务模式。习近平总书记在 2020 年 2 月 23 日出席统筹推进新冠肺炎疫情防控和经济社会发展工作部署会议并发表重要讲话，特别提出要“发挥社会工作的专业优势，支持广大社工、义工和志愿者开展心理疏导、情绪支持、保障支持等服务”。其中的核心要义自然涉及这样的问题：社会工作的专业优势或者说不可替代性是什么？根植于西方社会的社会工作知识如何在回应中国本土问题过程中发挥专业优势？其实还是社会工作本土化的问题，回顾和梳理中国专业社会工作的本土化发展历程，至少在如

---

① 王思斌．社会工作本土化之路［M］．北京：北京大学出版社，2010：317.
② 王思斌．社会工作导论［M］．北京：北京大学出版社，2011：282.

下议题尚存在不足与缺陷。

(一) 尚未建构完整的中国特色社会工作理论体系

社会工作理论是指导社会工作专业实践不至于盲目化的重要武器，西方社会工作的发展同样经历了从“实践性”“应用性”到“科学化”的过程。由于社会工作在专业化过程中与社会学、心理学等学科渗透过多，外借知识的过程使社会工作自身的知识体系与实践体系的独立性一直非常模糊，这极大地阻碍了社会工作专业化和职业化的发展。在中国社会工作本土化过程中，这还直接变现为中国社会工作学术界的理论自信不足和实务界的理论指导缺乏问题。如笔者在社会工作项目评估中就经常发现，不少一线社会工作者会用马斯洛的需求理论去指导实践，但却不知道关系及人情视角对于中国服务关系的重要性，很多时候本土的服务对象会将人情、关系和面子看成最重要的东西，“宁死不屈”“无脸见人”是中国人特有的秉性，中国人会认为面子比吃饭重要，而西方服务对象的首选是权力、生理及心理需求。何雪松就一直强调，在中国社会工作缺乏强劲的理论支撑这非常不利，必须建构中国的社会工作理论，其是呼应中国社会工作发展实践的需要，是超越现有西方社会工作理论的要求，是寻求“以中国为中心”的知识体系的理论自觉，是回应全球经济社会变迁的全新挑战。而实践智慧、科学研究、本土思想和制度传统是建构中国社会工作理论的重要源头①。范斌也认为中国特色社会工作理论的建立除了学理上需要满足概念和逻辑的要求，还要立足中国特色，特别是要适应中国社会、文化发展的需要②。因为，中国社会工作本土化的过程不仅需要解决服务对象的实际困境与需要，而且还是一种政治实践、道德实践和文化实践。

(二) 尚未形成本土的社会工作核心价值理念

习近平总书记所强调的“发挥社会工作专业优势”最近一段时间成为中国社会工作界的热议话题，究竟社会工作的专业优势是什么？换句话说就是，社会工作区别于其他相关专业或非专业的不可替代性是什么？王思

① 何雪松．迈向中国的社会工作理论建设［J］．江海学刊，2012（4）：140-144.

② 范斌．构建中国特色社会工作理论体系［N］．中国社会科学报，2019-7-23.

斌认为，最为核心的在于它的助人自助的价值理念、科学艺术的工作方法和理性务实的服务风格①。笔者认为，后两者在我国专业社会工作发展过程中已日趋成熟，目前最重要的是社会工作的核心价值理念，这在我国尚未形成本土性的特色与风格。必须知道，西方社会工作的价值理念根源于新教伦理、人道主义和社会福利的观念，尤其是新教伦理的“救赎”“劝恶从善”等教义无时无刻不在引导和规范着人们的言行，况且庞大的西方社会工作从业者群体本身饱受宗教信仰的浸润②。反观我国本土的社会工作从业者，由于缺乏一定信仰的指引，在服务指标化、社会期待全能化、纯粹职业化等因素影响下，加之薪资待遇低、晋升空间小、社会认可程度低等诸多因素的共同作用，社会工作显然仅仅是一种谋生的职业而已，尚未能在实际服务中践行并形成本土的社会工作核心价值理念。

（三）尚未取得人民对社会工作者及其专业服务的广泛认同

本次新型冠状肺炎病毒疫情的突发，对世界各国来说都是大考。中国取得防控成功的做法与经验值得总结、反思和完善，其中最让世界称赞的莫过于广大人民的自律与配合。在武汉，很多市民默默承受失去亲人的痛苦，在家隔离配合社区防疫；一些家庭无私捐献亲人遗体供医学解剖以帮助科学家探索病毒来源。世界卫生组织总干事高级顾问布鲁斯·艾尔沃德结束对中国的实地考察感叹道：“武汉街道空无一人，但是每个窗户后面都有配合应对疫情的市民。中国展现了惊人的集体行动力与合作精神。”再看武汉的社会工作者，笔者参与在线督导的武汉博雅社会工作机构负责青山区隔离点，一线社会工作者扎根社区，与群众同甘共苦，为居民提供物质帮助、医疗物资发放、心理慰藉、关系调适及社会保障等服务，真正急群众所需，得到党中央和广大基层群众的认可，深刻践行了社会工作者在场的重要性。反观近些年国内的一些社会工作服务，服务停留在表层，为指标而指标、为量化而量化的所谓专业服务广泛存在，导致人民群众对社会工作者及其专业服务存在不理解和不认同的情况。张和清对此表

① 王思斌．发挥社会工作专业优势，深入参与新冠肺炎疫情防控战．北京大学中国社会工作研究中心推文，2020-2-27.

② 冯山．建构中国本土的社会工作核心价值理念．市中社工推文，2015-9-9.

示深深忧虑，指出中国社会工作者只有真正践行党的群众路线，全心全意为人民服务，才能赢得民心；只要继承欧美睦邻运动、慈善组织会社的专业精神和科学方法，就能够为国为民分忧。但前提是社会工作者必须置身于老百姓的日常生活世界，与人民群众打成一片①。李涛对此持同样看法，他认为社会工作者要带着底层意识，深入到底层去，扎根到底层去，服务到底层去。不然会出现找不到服务对象，成了“话语的巨人”“行动的矮子”②。

（四）尚未养成本土社会工作专业服务的文化自觉

毫无疑问，中西方文化差异形成了不同社会社群的行为惯习，也直接导致社会工作者在具体服务场景采取不同的服务策略与方法，这其中蕴含的就是社会工作者的文化自觉素养。费孝通先生在其晚年时期提出了“文化自觉”的概念，他认为文化自觉是指生活在一定文化中的人对其文化有“自知之明”，明白它的来历、形成过程、所具的特色和它发展的趋向。只有在认识自己的文化、理解所接触到的多种文化的基础上，才有条件在这个正在形成中的多元世界里确立自己的位置。其对文化自觉的概括堪称经典：“各美其美，美人之美，美美与共，天下大同。”③ 何雪松也强调文化自觉是建构社会工作知识体系与实践框架题中应有之义④。在具体社会工作实践中，我们发现从事失独家庭服务的社会工作者简单地用丧亲哀伤辅导的方式对失独父母进行干预，其结果是专业关系难于建立，甚至出现失独父母对社会工作者翻脸或拒之千里的窘况。如果社会工作者有对中国人家庭情结及独生子女生育制度的文化自觉，就会采用更容易让失独父母接受的陪伴、理解、尊重、支持等方法开展服务。说到底，解决中国的个人、家庭与社会问题不可能简单从西方的社会工作知识体系里获得全部的解释，唯有从中国传统文化的基因中汲取智慧，方能深刻理解社会深刻变动中的个

---

① 张和清．固本强基，疫情下中国社会工作专业优势的思考［EB/OL］．社工中国网，2020-3-4.

② 李涛．社会组织要带着底层意识深入到基层去．《社会组织抗击新冠疫情协作网络（CNC-COVID19）》专题第二十二期，2020-2-26.

③ 费孝通．文化与文化自觉［M］．北京：群言出版社，2016：195.

④ 何雪松．社会工作的“文化自觉”［J］．社会建设，2014（2）：36-41.

人、家庭与社会问题，进而寻求独具中国社会工作气质的知识与方法化解中国问题。

二、激发抗击新冠肺炎阻击战的优秀传统文化基因

毋庸置疑，传统文化是一个国家及一个民族的精神家园，其体现着一个国家及一个民族的价值取向、道德规范、思想风貌及行为特征。党的十八大以来，习近平总书记多次强调要重视挖掘和传承中国优秀传统文化："要讲清楚每个国家和民族的历史传统、文化积淀、基本国情不同，其发展道路必然有着自己的特色。"① 本次抗击新冠肺炎疫情取得重大胜利充分表明，只有讲清楚中国传统文化，激发中华优秀传统文化基因，才可能理解中国人民的精神特质和行事理路惯习，增强中国特色社会工作知识体系建构中的文化自觉与文化自信。

（一）激发"以人民为中心"理念的优秀文化基因

汤一介指出："一个民族如果要生存、发展，它就必须很好地培育它的文化根基。"②"以人民为中心精神"就是中国传统文化人文特质中"仁学"的最好传承，执政者以人为本的价值追求是中华优秀传统文化的典范。儒家一直将人及生命视为天下最贵者，儒家经典《尚书》强调："民为邦本，本固邦宁。"荀子说："水火有气而无生，草木有生而无知，禽兽有知而无义，人有气有生有知亦且有义，故最为天下贵也。"（《荀子·王制》）《礼记·礼运》中提出："人者，其天地之德，阴阳之交，鬼神之会，五行之秀气也。"武汉新冠肺炎疫情突发后，习近平总书记反复强调："始终把人民群众生命安全和身体健康放在第一位""为保障人民生命安全和身体健康筑牢制度防线"。中国共产党人这么说，也是这么做的。"老吾老以及人之老，幼吾幼以及人之幼"，武汉确诊的2500多位80岁以上的高龄患者中，救治成功率达70%以上，年纪最长者为108岁。中国确诊住院的重症患者人均治疗费用超过15万元，少数达几十万甚至上百万元，所有

---

① 转引自李锐．为什么要弘扬中华优秀传统文化［N］．光明日报，2019 3 18.

② 汤一介．儒学人文精神的现代意义［M］//文化大讲堂．北京：社会科学文献出版社，2009：1.

费用都由国家承担，“为此不惜一切代价”。正是这样的为人民服务初心的坚守与行动，赢得了中国人民的生命安全及身体健康，赢得了全国人民的信任与拥护，赢得了世界人民的赞誉。

（二）激发“家国情怀”理念的优秀文化基因

在本次抗击新冠肺炎疫情阻击战中，中国人民所展现出来的“家国情怀”堪称民族典范、世纪杰作。自古以来，中国人的“家”“国”“国家”“天下”观念根深蒂固，“家是最小的国”“国是最大的家”，“家国同构”构成中华民族集体文化意识和一种共同记忆。多难兴邦，中华民族的发展与壮大就是在不断战胜自然灾害及外敌入侵等诸多困难中成长起来的，同时养成了坚韧不拔的民族性格。4 月 22 日，习近平总书记在西安交通大学考察调研时指出：“重大的历史进步都是在一些重大的灾难之后，我们这个民族就是这样在艰难困苦中历练、成长起来的。”回首防疫阻击战中展现的“舍小家顾大家”“天下兴亡，匹夫有责”的家国情怀，几乎数不胜数：有 84 岁高龄仍奋战在一线的钟南山院士；有全国各地千里驰援湖北的 4.2 万余名“最美逆行者”医护人员；有济南最美逆行者张静离世，丈夫援非专机赶回的动人事迹；有无数基层社区工作者、社会工作者及义工用实际行动践行“苟利国家生死以，岂因祸福避趋之”的家国情怀理念，展示中华民族独特的优秀传统文化基因及集体性格。

（三）激发“自律修身”理念的优秀文化基因

习近平总书记强调，新型冠状病毒肺炎疫情防控工作必须紧紧依靠人民群众，坚决把疫情扩散蔓延势头遏制住，坚决打赢疫情防控的人民战争、总体战、阻击战①。本次防疫阻击战取得决定性胜利，既有党中央的精准施策，更是全国各族人民自律修身优秀品格的突出表现。中国人文精神的核心就是“仁学”的精神，《郭店楚墓竹简 · 性自命出》有言：“闻道反己，修身者也。”也就是说，一个人听到合乎道理的话，就要反省自己是否这样。《论语 · 颜渊》有“为仁由己”的表述，《论语 · 述而》认为“我欲仁，斯仁至矣”。传统中国人一直以“己所不欲，勿施于人”

① 习近平 . 在北京市调研指导新型冠状病毒肺炎疫情防控工作时的讲话，2020-2-10.

（《论语·卫灵公》）和“己欲立而立人，己欲达而达人”（《论语·庸也》）来指导和约束自己的行为和道德评价。当政府下达封城令和社区隔离等措施时，14 亿中国人用实际行动践行了“修身、齐家、治国、平天下”的传统文化价值理念，不少群众默默地承受亲人逝去的悲痛，在家隔离配合政府和社区的防疫管控。从老人到孩子，从公务员到普通百姓，大家识大局、明事理，齐心响应政府号召，同舟共济为防疫工作尽每一个人的一份力。英国社会科学院院士马丁·阿尔布劳称赞道：“让全世界印象深刻的是，抗击疫情展现了中国人的互相协作，他们的努力工作，他们的高度自律，以及在整个危机中保持的良好精神状态和品格。”① 中华民族优秀传统文化基因，在新时代的防疫人民战争中激发出巨大的能量，释放出民族文化血脉的光彩。

（四）激发“守望相助”理念的优秀文化基因

中国传统文化特别强调“出入相友，守望相助”“远亲不如近邻”“四海之内皆兄弟”，“守望相助”一直是中华民族各族人民和谐相处、跨越苦难、共克时艰的优秀品格，也是最持久、最基本的人际关系守则。从普通的邻里关系，到重大灾难时期的“汶川地震”“武汉不孤单”，再到“人类命运共同体”，中国人民一直在诠释着“守望相助”“和平共处”的价值理念。本次抗击新冠肺炎疫情战役中，我们在国内动员各地医疗和物资千里驰援武汉，全国人民以各种方式为武汉加油鼓劲，海外华人、国际友人纷纷捐款捐物支持中国抗疫。在国外，我们积极开展国际合作，分享抗疫经验，派出 17 批医疗专家团队支援塞尔维亚、意大利等 15 个国家，向世卫组织提供 5000 万美元捐款。法国前总理让-皮埃尔·拉法兰这样评价中国：“在这场危机中，中国选择积极开展国际合作，分享抗疫经验，展现大国担当。”“守望相助”的传统文化基因，让中国人深深懂得“得道多助，失道寡助”的道理，中国在帮助别人的同时就是在帮助自己，战胜这场世纪公共卫生安全危机只有靠团结合作，

① 国际锐评评论员．为了人民、依靠人民——中国抗疫实践带给世界的思考之一．央视新闻网，2020-4-26.

其他别无选择。

三、建构具有优秀传统文化基因的中国特色社会工作知识体系

抗击新冠肺炎疫情战役的经验再次告诉我们，西方国家对我国长期有傲慢与偏见。因此，我们必须要做好自己的事，在百年未有之大变局中寻求机遇，围绕新时代制定的伟大目标和宏伟蓝图，坚定不移地走中国特色社会主义道路。就社会工作来说，在兼具世界眼光和国际发展经验的同时，更要重视本土性知识的重要性，“本土思想资源对于社会工作知识建构具有重要的理论和实践意义，它可为中国社会工作的发展提供智库支持。”① 尤其是构建具有优秀传统文化基因的中国特色社会工作知识体系乃是重中之重。

（一）建构具有中国优秀传统文化基因的本土社会工作学科理论

西方社会工作学科的成长与发展经历了百余年的历史，其理论知识、价值体系、助人方法等科学知识的建构不仅有赖于社会学、心理学等学科知识发展的支持，更重要的是西方社会工作学科理论知识是在解决西方具体社会问题的实践智慧中累积起来的。中国的社会工作本土化同样需要走出一条迈向中国特色的社会工作理论知识的道路。这个知识体系要建基于中国优秀传统文化之上，要契合中国人的日常生活习惯和行事理路，在解决当下中国具体问题的实践中不断反思社会工作服务的适当性与实效。既要汲取老子、孔子、庄子、墨子等伟大思想巨匠的智慧，更要突显中国人民创新、坚韧、奋斗、团结、互助的特质和禀赋，也要融入当代中国共产党人群众路线的工作方法、以“人民为中心”的理念和共同富裕的追求等。

具体来说：一是强调重视中国优秀传统文化基因的重要性。中国人生活在具体的中国社会关系中，中国人的问题自然有其独特的背景与解决路径，在中国传统文化的知识框架中理解中国人的行为模式自然会容易得

① 何雪松．重构社会工作的知识框架：本土思想资源的可能贡献［J］．社会科学，2009（7）：76-78.

多。重视中国优秀传统文化基因对建构本土社会工作理论的影响，这是一种“创造性转化”，是一种本土文化自觉。二是尊重中国的制度传统与社会结构的历史现实特征。社会工作本身是一种福利制度安排，西方国家的社会工作就是通过社会政策和社会服务来解决脆弱群体的生存危机与发展困境，进而提升服务对象的自主性和发展能力。中国的制度传统则不同，家庭和政府在更多时候充当脆弱人群的最重要支撑力量，而个人与社会次之。就像本次防疫阻击战，政府的制度优势与家庭互助能力充分展现出独特制度传统和社会结构的巨大能量。因此，本土社会工作理论知识的建构要进一步扩大宏观视野，在国家治理体系与治理能力现代化体系中寻找自己的独特位置与空间。三是汲取中国治理与助人传统中的实践智慧。俗话说，鞋子合适不合适只有自己知道。中国的历史经验表明，凡是墨守成规和故步自封必定落后挨打，凡是照搬照抄、简单移植西方知识也是昙花一现。就近一些说，马克思主义中国化产生的毛泽东思想、邓小平理论和习近平新时代中国特色社会主义思想才能真正解决中国问题和推动中国事业的发展。社会工作要重视汲取这些伟大的实践智慧，通过扎根基层社区民众的生活实践，解决困扰群众生活与发展的实际难题。如后疫情时期的社会工作就是一种创新性和本土性实践，有必要从经验中总结和提炼一些概念和模式，进而衍生出独具中国特色的公共卫生社会工作理论知识。

（二）建构具有中国人文特质的本土社会工作价值与伦理

与其他诸多专业不同，社会工作自发端之日起就承载着巨大的价值背负。列维（C. S. Levy）在其著作《社会工作伦理》（*Social Work Ethics*）中指出：“社会工作是价值为本的专业，它不仅是一种做事的方式，而且是关于什么好事应该做和它将被如何做的准则。”① 也就是说，西方社会工作是在基于西方价值判断和优先选择的取向中实践的。恰如本次美国对于民众深陷疫情困局中生命与健康危机的消极表现，特朗普政府面对感染病毒和死亡民众狂飙性数据不是选择底层民众的生命与健康安全，而是选择政治选举和经济复苏优先。东方的中国则不同，习近平总书记始终强调要把

① C. S. Levy：Social Work Ethics. New York：Human Sciences Press，1976.

人民生命安全和身体健康放在第一位，而且不论付出多大的代价都要争分夺秒救治患者。正是有这样的价值取向和理念指导，基于民本情怀的中国人文特质在本次防疫全民整体战中发挥出巨大的动能，成为构筑覆盖城乡每一个角落联防联控体系的重要一环。

建构中国社会工作价值与伦理包括社会工作的专业价值、社会价值和伦理操作体系，中国传统文化的核心部分就是指引社会生活秩序和行为规范的价值取向及伦理道德。中国社会工作价值与伦理的人文特质对于指导社会服务实践意义重大，是对西方社会工作价值与伦理知识的发展与超越，是突显中国“民本”“和谐”“仁爱”“亲善”“家国”等人文特质的知识重构，是充分发挥社会工作专业优势回应新时代中国现实问题的迫切需要。首先，本土性社会工作价值观与伦理要具备中国人文特质中的“天下观”与“大同理想”，如在社会工作服务中不能仅仅考虑个人的权益得失，而更要权衡家庭、邻里、社会乃至国家的需求。就像防疫中社交隔离的戴口罩，中西方表现出截然不同的两种态度。我们 14 亿中国人自觉地戴上口罩，这是“天下观”的实际行动表现。西方人就觉得戴口罩侵犯了他们的个人权利，并且自己有被“污名化”成感染病人的嫌疑。其次，本土性社会工作价值观与伦理要具备中国人文特质中的“中庸之道”与“亲仁善邻”“通达人情”。西方社会工作常常要强调科学性中二元对立的对与错，或者说合法不合法。而中国的“中庸之道”则是合理还是不合理，似乎在中国人日常生活中没有绝对的二元法则，“凡事好商量”“做事有个底线”“退一步海阔天空”的思维才是中国人的处事风格。《易经》强调，每个人之间都会有不同的关系，而这些关系差别则决定了我们对待每个人的态度与行为。儒家强调“礼”“亲疏有别”，由此推导出一整套中国人合乎常理的行为惯习，就是要“亲仁善邻”和“通达人情”，要与家人和谐，也要睦邻友好和“四海之内皆兄弟”，如此一来，才能达到行走天下。最后，本土性社会工作价值观与伦理要具备中国人文特质的“面子”与“人情”文化。如果你看看本次疫情面前美国总统特朗普的表现，大概就容易理解西方人对“面子”是什么样的态度。他们不要的“面子”在中国人看来可是比生命还珍贵的东西。“理解和研究中国人的面子、人情及关系文化是深入了解中国人及中国文化的关键，更是打开中国人心灵之门的一把钥匙。”① 社会工作服务把持“面子”“人情”“关系”的价值观与伦理视角，必然更容易理解中国人的处遇与行为方式，找到解决服务对象问题的精准且合适路径。

（三）建构具有中国实践智慧的本土社会工作专业方法

社会工作是一门实践性很强的专业，其中充满政治性、道德性和文化敏感性。如何选取一种合适的方法助人一直是百余年来西方社会工作专业追求的核心命题。从微观的个人生理心理问题出发，到中观的群体性视角，再到宏观的社区、社会政策与社会组织视野，社会工作将对服务对象的实务干预提升到人与社会的互动层面，也就是理解人与群体及社区等宏观政策问题产生的环境因素。西方社会工作的方法体系为专业社会工作者开展助人行动提供了兼具科学性与艺术性的实践借鉴。但是在中国的具体文化情境中，个案工作碰到了个人心理问题“精神病污名化”和陌生人“家丑不可外扬”的尴尬处境；小组工作同样在中国的人际关系与文化处境中让组员无法袒露心扉，进而建构小组程序中的同质性人际支持；社区工作在强大的体制框架内难以找到介入的路径与方式；社会工作者的身份、地位与社会影响力更是难以在社会政策的调整与改变中有所作为。究其缘由，就要总结和汲取中国本土的实践智慧，转化和创新中国本土的社会工作方法，使之更接地气和更行之有效。

一方面，要强调以人民群众为中心的方法。中华人民共和国成立和社会主义现代化建设都是得益于人民群众的支持，做群众工作一直是共产党人的一个法宝。毛泽东时代共产党人靠人民起家，坚持“从群众中来，到群众中去”，老一辈革命家亲自导演了一场人民群众推翻反动政权的大剧；邓小平时代共产党人靠人民当家，充分发挥群众力量，从安徽小岗村农村改革出发，创造了社会主义现代化建设的伟大奇迹；新时代共产党人靠人民兴家，习近平总书记一直强调“以百姓心为心，与人民同呼吸、共命

① 黄耀明．社会工作本土化与中国传统文化［M］．北京：社会科学文献出版社，2012：199.

运、心连心，是党的初心，也是党的恒心。”① 正是人民的力量成就了“中国之治”。可见，社会工作服务本土化必须汲取本土群众工作的智慧，广大社会工作者要甘于俯下身子向基层社区干部学习群众工作方法，不要动不动就嫌弃人家不专业、没有读过社会工作专业知识，那是很危险的，也是不利于本土社会工作发展的。另一方面，要强调扎根底层社区的方法。本次抗疫阻击战再次证明，考量一个国家应对公共卫生危机能力的核心在于底层社会，只有基层社区防疫工作做到位，才可能获得全局性的防疫成功。要知道，美国感染新冠肺炎病毒死亡人数中大多是老人、穷人和黑人，他们就是生活在社会底层的脆弱群体。因为中国有强大的基层社区治理力量和服务能力，才使14亿中国人在社区隔离期间生活得安稳，中国的底层百姓一样受到政府平等的医疗救治、物质援助和社会保障。而社会工作只有带着底层思维，扎根底层，才能真正践行社会工作的本质和使命。不然会出现社会工作者找不到服务对象，面对服务对象也无法理解他们的生活与困难，更谈不上理解服务对象日常生活的意义与价值。

总之，社会工作是一个兼具国际视野与本土眼光的专业，也是一个融科学性与艺术性为一体的专业。经过几十年的发展，专业社会工作已然成为国家治理体系与治理能力现代化的重要组成部分。社会工作要充分发挥专业优势在新时代展示新作为，就必须激发中国的优秀传统文化基因和实践智慧，以化解人民日益增长的美好生活需要和不平衡不充分发展之间的矛盾为重任，以推动社会工作学科理论知识建构为核心，扎根底层社区，虚心向基层工作者学习群众工作方法，以文化人，顾及中国人的人文特质，理解中国人的思维方式和行为模式，这样才能生根发芽，有为而有位。

---

① 习近平．人民是历史的创造者，人民是真正的英雄［EB/OL］．中国新闻网，2020-3-20.

The Traditional Cultural Genes of Social Work Localization under the Background of Fighting Against the COVID-19

Huang Yaoming

Abstract: One of the important reason why China has made full use of its institutional, strength and speed advantages in the resistance war against the COVID-19 and won the victory, is the excellent national character endowment of Chinese people, which has been deeply influenced by the traditional cultural gene. In contrast to the so-called "democracy first" in Western countries, Chinese characters, such as life first, benevolence and harmony, home and country feelings, and self-cultivation, have enabled the people to self-discipline during quarantine at home, which is a unique contribution to the country's ability of pressing the pause button on the large country of one billion and four hundred million people in a short period of time. The history of the development of social work in China shows that the development of local social work can not simply transplant the social work knowledge system that originated in the west. We must pay attention to the long-term influence of Chinese traditional cultural gene on Chinese people's way of doing things, and deeply excavate the theory, knowledge and method of constructing the native social work of Chinese traditional culture gene. To give play to the professional advantages of social work, can show a new action in response to China's specific social problems in the new era.

Keywords: Social Work, COVID-19, Localization, Chinese Traditional Culture

中国社会工作学刊　第二辑
第 168~194 页

如何发挥社会工作在灾害管理中的专业功能
——基于农民工抗疫救援行动的实践反思*

李　涛**

【摘要】如何在国家自上而下的疫情防控中，发挥社会工作的专业优势，将行政管控与专业服务结合，是社会治理在新冠肺炎疫情大考中亟待解决的问题。由我国成立最早的社会工作服务机构“协作者”发起的农民工抗疫救援行动，将社会工作专业理念和方法与能力和脆弱性分析框架结合起来。一是快速识别出困境农民工家庭的脆弱性，有针对性地开展信息救援、物资救援、生计救援和能力建设，保障救助对象的生命安全，同时从社会工作优势视角出发，鼓励救助对象发掘潜能，参与自救互救，实现助人自助；二是发挥社会工作的公众教育和政策倡导功能，将脆弱人群的需求传递给政府和社会，促进疫情防控工作更加完善和人性化；三是突破人们对社会工作局限于微观服务的传统认识，发挥社会工作的行动研究和专业支持功能，总结提炼灾害管理经验，推动社会组织和社会工作发展。由此形成了富有本土特色的“紧急救援-研究倡导-专业支持”三位一体的社会工作介入灾害管理的行动模式，解决了以物质救济为主要手段的传统赈灾工作忽视或无力深入对脆弱性的分析和能力建设的问题，将疫情防控与社会建设结合起来。

关键词：疫情防控　社会工作　农民工　灾害管理　救助

---

* 本文亦是“协作者”农民工抗疫救援行动工作团队全体成员的实践成果，并受益于诸多合作伙伴的支持，在此一并致谢。

** 李涛，北京市社会工作发展中心主任，社会工作师，中国社会工作学会常务理事，民政部首批全国社会工作专业领军人才，全国社会工作者职业水平评价专家委员会成员，国务院妇儿工委儿童国家智库专家，研究领域：社会工作实务、社会组织建设、城市化与流动人口。

全球化和城市化对人类社会带来的最大影响是人口的全面流动。目前中国有2.91亿农民工[①]，流动给该群体带来新的机遇。据国务院扶贫办统计，2019年中国有2729万建档立卡贫困劳动力在外务工，这些家庭三分之二左右的收入来自外出务工。帮助农民工就业，已经成为中国实现贫困家庭脱贫的主要途径[②]。

然而，流动也会带来巨大的不确定性，当这种不确定性与灾害风险叠加后，则会急剧放大。无论在中国，还是南亚，抗击新冠肺炎疫情（以下简称疫情）中，农民工都是极易被忽视的脆弱群体，也是影响疫情传播的关键人群。因此，做好农民工群体的灾害管理工作，不仅事关该群体的切身利益，也关系到社会稳定与发展。

发端于19世纪工业革命时期的社会工作，是人类应对城市化和工业化造成的社会问题的专业自觉。2006年10月中共中央十六届六中全会在《中共中央关于构建社会主义和谐社会若干重大问题的决定》中，提出"建设宏大的社会工作人才队伍"的要求，从而使社会工作成为推进国家治理现代化的重要举措之一。在本次疫情防控中，习近平总书记特别指出，"要发挥社会工作的专业优势，支持广大社工、义工和志愿者开展心理疏导、情绪支持、保障支持等服务"。那么，社会工作在灾害管理中的角色功能是什么？在本次疫情防控中有效发挥社会工作的专业功能，回应农民工群体的特殊需求，是社会治理在本次疫情大考中必须直面的问题。

2020年1月22日，我国成立最早的民办社会工作服务机构"协作者"[③]紧急启动了"农民工抗疫救援行动"（以下简称救援行动），依据社会工作专业理念与方法，依托分布于北京、长三角、珠三角、山东半岛和江西农村地区的服务网络，从需求监测、信息救援、物资救援、生计救

---

① 《国家统计局局长就2019年全年国民经济运行情况答记者问》，国家统计局，2020-1-17，http://www.stats.gov.cn/tjsj/sjjd/202001/t20200117_1723470.html.

② 《国新办就决战决胜脱贫攻坚有关情况举行新闻发布会》，国务院扶贫开发领导小组办公室，http://www.cpad.gov.cn/art/2020/3/11/art_2241_441.html，2020-3-12.

③ 北京市协作者社会工作发展中心是在北京市民政局登记注册的5A社会组织。目前，协作者模式被推广到山东半岛、长三角和珠三角地区，以及江西农村，分别建立了北京协作者、青岛协作者、南京协作者、珠海协作者和江西协作者，本文统称为"协作者"。更多信息可登录协作者官网：www.facilitator.org.cn，或搜索"协作者云社工"微信公众号。

援、能力建设和政策倡导等多个角度，为困境农民工家庭提供救援服务。截至6月17日，救援行动为766个困境农民工家庭，以及11所打工子弟学校、4440名流动儿童提供了救援服务。包括中央广播电视总台、《财新周刊》以及《南华早报》在内的海内外46家媒体报道了该救援行动，“协作者”还应邀在民政部和国家卫健委组织召开的疫情防控工作会议上介绍了救援经验，将救援行动中的研究发现、服务经验和政策建议传递给政府和社会，使救援行动成为丰富社会工作介入灾害管理的本土实践样本。

一、为什么要开展“农民工抗疫救援行动”

中国是深受灾害影响的国家之一。21世纪以来，我国平均每年因自然灾害大约有3亿人受灾，造成的直接经济损失超过3000亿元①。虽然每个人在灾害面前都会有脆弱的一面，但在同样的灾害风险面前，有一些人却比另外一些人更加脆弱。在本次疫情中，农民工受自身经济条件、社会保障、信息获取能力、社区支持等因素的影响，特别是“一刀切”的防控政策，使他们在防疫、生计安排、劳动权益、社区接纳、服务获得等方面，其个性化需求很容易被忽视，而疫情对经济的影响有可能演变为对已经处于高脆弱性的农民工生计的致命打击。国务院扶贫开发领导小组办公室主任刘永富认为，本次疫情对脱贫攻坚的影响较大，其中主要一个就是打工受影响。要防止因疫返贫，需要保证农民工能够出去打工增加收入②。

农民工是一个庞大而多元的群体，其构成除了青壮年劳动力，还有老弱病残、流动和留守儿童，其需求除了就业，还有居住、安全、健康、情感、教育等人类的所有需求。显然，针对该群体的疫情防控工作，除了政府自上而下的防控，还需要社会工作专业力量快速识别该群体中最需要帮助的脆弱人群，在社区层面形成对疫情的阻断和对人的关怀。

“协作者”是国内第一家致力于服务流动人口的社会工作专业机构，

① 《新闻办就新时代应急管理事业改革发展情况举行发布会》，国务院新闻办，http：//www. gov. cn/xinwen/2019-09/18/content_ 5430891. htm，2019-9-18.

② 《国新办就决战决胜脱贫攻坚有关情况举行新闻发布会》，国务院扶贫开发领导小组办公室，http：//www. cpad. gov. cn/art/2020/3/11/art_ 2241_ 441. html，2020-3-12.

也是民政部第一批全国社会工作服务示范单位。“协作者”秉持“团结协作 助人自助”的服务理念，通过开展服务创新、教育倡导和专业支持相结合的三位一体的社会工作服务，在回应农民工及其子女现实需求的同时，协助其在服务参与中由受助者成长为助人者，并在实践中开展行动研究，总结提炼本土经验，推动社会工作和社会组织的发展。目前，“协作者”的服务模式被复制推广到长三角、珠三角、山东半岛和江西农村地区，分别成立了南京协作者、珠海协作者、青岛协作者和江西协作者，各地协作者独立运作，彼此支持。

2003 年 2 月成立以来，“协作者”开展的第一个服务就是农民工抗击“非典”紧急救援行动①，之后针对 2008 年金融危机开展了农民工应对金融危机干预行动②，针对 2017 年大兴火灾引发的外来人口疏解开展了冬季紧急救援，同时每年针对困境农民工子女提供救助服务，从紧急救援、减灾能力建设，到培育灾害管理志愿者，积累了较为丰富的灾害管理经验。在此基础上，2020 年 1 月 22 日，“协作者”启动了“农民工抗疫救援行动”。

二、“农民工抗疫救援行动”的干预策略

救援行动依据社会工作专业理念与方法，与能力和脆弱性分析框架结合起来。20 世纪 80 年代末出现的能力与脆弱性分析（CVA）带来了危机与发展之间关系的重大转折③。该框架起源于哈佛大学国际赈灾与发展研究项目，该项目研究了非政府组织回应全球各地多种灾难的 30 个案例，设计了该框架，因此它具有较宽广的应用场景和很强的实践性。该框架认为，人们现有的能力与脆弱性决定危机造成的影响以及人们对待危机的方法。当危机超越了人们所能应付的限度时，就成为灾难。因此，灾害管理应以增强人们的能力、降低他们的脆弱性为目的，这也是发展的目标。

---

① 李真，等．从微观到宏观——流动人口社会工作服务项目案例集［M］．北京：中国社会出版社，2017：111-136.

② 李真，等．从微观到宏观——流动人口社会工作服务项目案例集［M］．北京：中国社会出版社，2017：1-22.

③［英］Deborah Eade. 能力建设——通向以人为中心的发展之路［M］．北京：九州图书出版社，1997.

从能力与脆弱性分析框架看，能力与脆弱性包括态度（认识）层面、物质层面和组织层面三个方面。该分析框架与社会工作的系统理论视角结合，可以帮助社会工作者系统地分析服务对象的正式系统和非正式系统在这三个方面的脆弱性和能力，从而有针对性地制订救援计划。比如，态度层面包括各级部门、各类组织和社群对疫情的认识，对公共卫生知识的理解和掌握，对防控工作的态度等；物质层面包括防护物资、经济条件和社会保障等；组织层面包括正式和非正式的支持系统等。

该框架将社会工作的问题视角、优势视角和赋权增能理论在危机干预情境中有机整合，要求救援工作除了满足受灾社群眼前的需要外，还应鼓励依靠社群的力量来促进社会与经济的长期发展——这也是社会工作的核心视角。作为助人自助的专业，社会工作的优势在于以服务对象的需求为导向，依据人与环境的互动关系，将预防-治疗、救助-发展结合起来，既注重对危机带来的直接伤害的紧急回应，又注重从根本上消除阻碍服务对象正常功能的消极因素，增强服务对象的能力，达到可持续发展的目标。

“协作者”依据以上专业视角，进一步识别出家庭式迁移的农民工，尤其是因为家庭成员患有疾病、工伤职业病、丧失劳动能力、单亲等原因，导致深陷困境的农民工家庭，是农民工群体在本次疫情中最脆弱的人群。这些家庭大部分是迫于生计不得不离开乡村进入城市谋生，相比较于单身青年打工者，他们的流动成本高，年龄偏大，受教育程度低，多从事短工、建筑、拾荒和小本生意等非正规职业，缺乏社会保障和单位保护，同时还承担着养育子女和家庭的压力，抵御风险的能力极其脆弱。此次疫情对他们的处境无疑是雪上加霜。

因此，救援行动确定了将困境农民工家庭①作为主要干预对象。救援行

---

① 目前学术界对困境家庭的概念没有形成统一定义。“协作者”结合实务经验，将符合以下（1）~（3）中的两条或两条以上标准，并兼具（4）和（5）特点的农民工家庭确定为“困境农民工家庭”：（1）因为疾病、劳动权益受侵害、遭遇突发事故等因素而陷入困境，且缺乏社会保障的农民工家庭；（2）家庭结构不完整的有子女的农民工家庭（如：单亲、隔代抚养）；（3）家庭支出大于收入，支付子女学习和生活费用困难的农民工家庭；（4）社会交往面狭窄，缺乏与更多的流动人口家庭以及城市居民接触交流机会的农民工家庭；（5）自我认同及社会认同度低，极易陷入社会排斥和自我否定的农民工家庭。

动中，“协作者”分别于2月、3月、4月和6月持续对46个困境农民工家庭进行了四轮需求动态监测评估，并对311个农民工家庭开展了问卷调查。评估发现，困境农民工家庭应对灾难的脆弱性主要包括以下三个方面：

一是物质方面的脆弱性，表现为收入低，经济条件差，身体健康状况差，缺乏基本的防护物资。评估发现，86.82%的受访农民工家庭缺少具备防护作用的口罩；仅有将近56%的困境农民工家庭主要劳动力认为自己健康状况较好，“健康较差，小病不断”的占到17.48%，而面临严重健康问题、有持续医疗需求的占比11.89%；大多数受访家庭表示，如果疫情持续，最直接的影响是没有收入，生活难以为继；更有不少家庭没有可供直播学习的电子设备，流动/留守儿童疫情期间的学习状况不容乐观①。

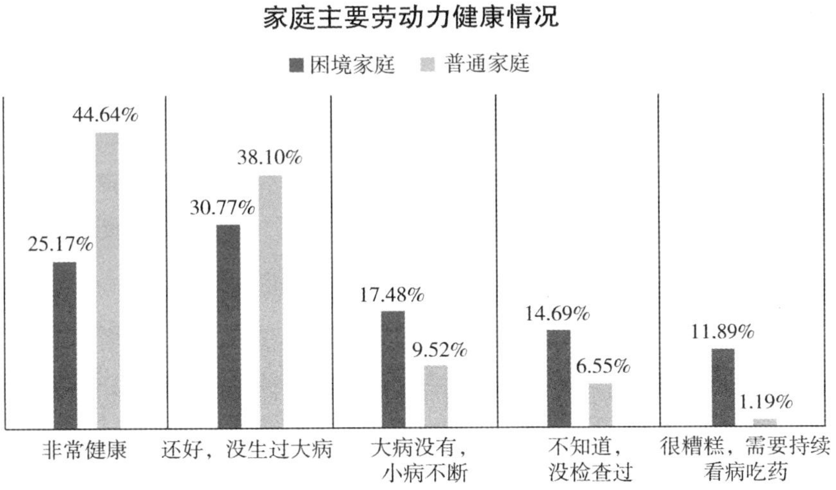

图1　困境/普通农民工家庭主要劳动力的健康情况

二是组织方面的脆弱性，表现为缺少来自单位与家庭的直接帮助。如53.05%的受访家庭为非正规就业，62.94%的困境农民工家庭劳动力没有和用人单位/企业签订劳动合同，高于普通农民工家庭劳动力（44.64%）②。

三是态度方面的脆弱性，表现为农民工及其子女获得信息呈现碎片

① 协作者“疫情下的困境农民工家庭生存与发展需求调研”课题组．脆弱与潜能——基于疫情对农民工家庭生存影响的调查报告，2020.

② 协作者“疫情下的困境农民工家庭生存与发展需求调研”课题组．脆弱与潜能——基于疫情对农民工家庭生存影响的调查报告，2020.

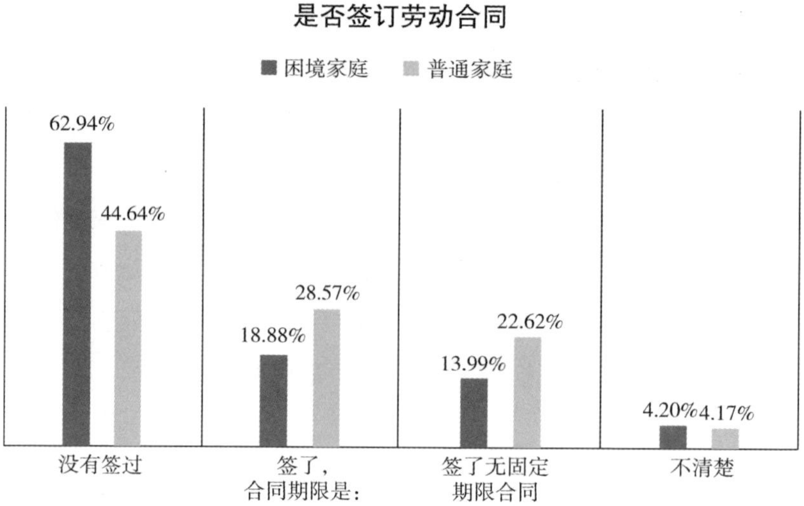

图 2　困境/普通农民工家庭签订合同比率对比

化、片面化的态势，不利于农民工及其子女开展防疫工作；因为信息不对称、无助而产生恐惧、麻木、绝望和消极等情绪。如 58.70%的受访农民工家庭表露出担心和恐惧，只有 51.80%的受访家庭了解所有人群均为易感人群；在防护用品上，27.33%的受访家庭不了解不同类型口罩的防护作用①。

“协作者”认为，以物资救济为主要手段的传统赈灾模式，忽视或无力深入对脆弱性的分析和能力的建设，并不能对灾害进行有效管理。困境农民工家庭的脆弱性的背后实际上是该群体在教育、组织、健康、劳动权益等方面的长期缺失。因此，针对该群体的灾害管理必须在满足其现实性需求的同时，与长远的可持续发展相结合，注重在救援服务中降低困境农民工家庭的脆弱性，培养其灾害防御和灾后恢复能力，鼓励他们在塑造自身命运的过程中掌握主动性，构建助人自助的灾害管理模式，只有这样他们才能更好地应对当下及未来可能发生的危机。

基于以上分析，救援行动依托“协作者”构建的“服务创新-政策倡导-专业支持”相结合的三位一体的战略服务体系，确立了“紧急救援-研

① 协作者“疫情下的困境农民工家庭生存与发展需求调研”课题组．脆弱与潜能——基于疫情对农民工家庭生存影响的调查报告，2020.

究倡导-专业支持”三位一体的行动策略与干预目标：

一是通过个性化的紧急救援，使困境农民工家庭得到信息知识、心理支持、防护物资和生计救援等服务，使其基本生存和健康安全得到保障，疫情防控意识和能力得到提升。

二是通过公众教育和政策倡导，将该群体的需求传递给政府和社会，使更多的部门和个人及时了解该群体的处境和需求，切实理解和接纳该群体的现实选择，促进疫情防控工作更加完善和人性化。

三是通过行动研究和专业支持，总结提炼本土灾害管理经验，支援其他组织和部门。

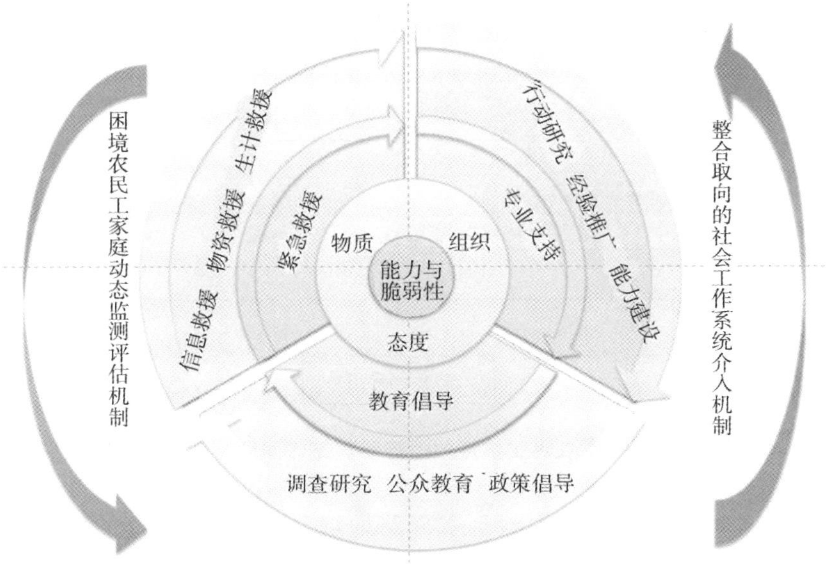

图 3 “农民工抗疫救援行动”工作模式图

三、“农民工抗疫救援行动”的主要做法

（一）组建工作团队

灾害管理是一个机构日常构建的管理与服务体系在灾害来临时的应急反应。疫情发生后，“协作者”迅速启动应急响应机制：

一是组建工作团队，制定救援行动管理制度。1 月 21 日，“协作者”

联合分布在北京、南京、珠海、青岛和江西等地的协作者伙伴，共同组建疫情防控工作指挥委员会，下设宣传倡导组、社区救援组、项目保障组三个工作组，其中宣传倡导组负责开展需求评估与社会传播，为救援行动提供信息支撑；社区救援组负责开展线上线下的救援服务，为救援行动提供服务支撑；项目保障组负责筹措救援物资，开展项目管理，为救援行动提供物质与技术保障。

二是建立专家顾问队伍，保障救援工作的安全性与专业性。“协作者”召集协作者专家委员会中的医学顾问、法律顾问和心理咨询专家等专业力量，建立救援行动专家顾问团队，负责为参与救援行动的社会工作者和服务对象解答各类在疫情防控中遇到的实际问题。

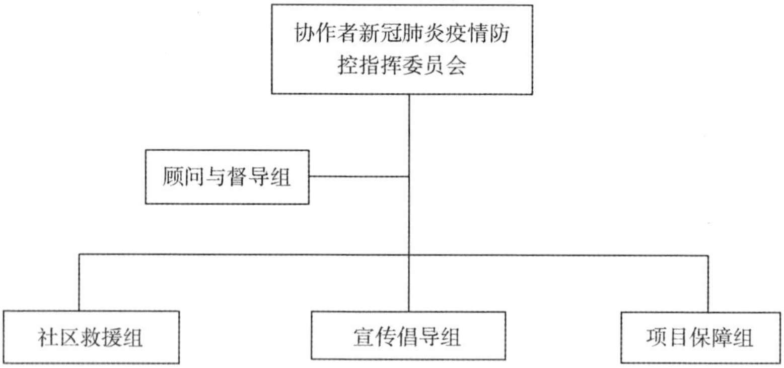

图 4　“农民工抗疫救援行动”工作团队架构图

三是建立信息化管理平台，实现跨地域、多类别的救援服务数据共享，包括在线沟通系统、项目资料在线共享系统、物资采购与发放数据统计系统、困境家庭信息采集系统等。

（二）需求监测评估

救援行动遵循以需求为导向的社会工作服务原则，通过个案访谈与问卷调查，建立动态需求监测评估体系。

1. 个案访谈

救援行动针对长期服务的 46 个困境农民工家庭建立个案访谈样本，平均每个月开展 1 次电话个案访谈，一方面，快速了解农民工家庭面对疫情存在的需求和困难，以便有针对性地开展在线服务和救援；另一方面，社

农民工抗疫救援项目信息平台

项目文档资料	https://facilitator.yuque.com/gzfy	无访问权限申请	https://facilitator.yuque.com/groups/gzfy/join?token=o82QeWZviH1dFQWP
指挥管理			
保障组		项目管理	• 项目人员登记 • 工时记录
捐赠人维护	• 物资捐赠数据查询	物资管理	• 物资捐赠对接 • 物资入库 • 物资出库 • 物资归还 • 物资查询
救援组		服务对象管理	• 救援服务记录
		在线课堂数据	• 在线课堂数据
		在线社群维护记录	• 在线社群维护记录
倡导组		图片视频存储	• 图片视频存储

图5　“农民工抗疫救援行动”信息管理平台示意图

会工作者通过访谈与受访者增进合作关系，在叙事中重新发现和肯定彼此的努力，分享疫情信息，教授技巧和知识，链接资源，使访谈成为促进意识觉醒和分享权能的社会工作服务过程。

2. 问卷调查

救援行动针对311个农民工家庭开展了线上问卷调研，其中143个为困境农民工家庭，168个为普通农民工家庭。问卷主要围绕农民工家庭的基本情况、健康情况、社会保障、疫情信息获知情况、疫情信息识别能力、疫情心理影响、疫情对工作和生活的影响、幸福感、疫情后规划等方面进行了解，与个案访谈结合，进行数据分析。

（三）紧急救援服务

1. 信息救援

人们只有认识到疫情的重要性，才能加强防护，但认知往往受信息获取能力的影响。因此，灾害管理首先要保证信息科学、准确、透明、对称、及时，并确保有效传递给脆弱人群。困境农民工家庭受教育程度低、信息渠道狭窄、识别信息能力有限等因素影响，导致信息获取能力有限。信息救援即满足农民工信息方面的需求，帮助他们从意识上、态度上重视防护；同时，随着疫情的发展，农民工对信息的需求从防疫信息逐渐延伸到就业、亲子关系、就医、社会保障政策等各个方面。为此，救援行动包括：一是设置了专人负责每日疫情监测，搜集疫情相关信息，及时发布到各个在线服务群。二是结合农民工家庭需求，撰写发布系列《致打工者的一封信》，主题包括面对病毒该怎么做、如何面对返城务工、如何关爱孩子、紧急情况如何求助、如何预防诈骗、如何享受社会保障政策，以及专门写给农民工子女的一封信。为了保障文字理解能力弱的农民工及其子女有效获取信息，这些信息还被社会工作者制作成语音版进行发布。三是通过电话、微信等方式开展每日在线咨询服务，由社会工作者和专家顾问为农民工及其子女答疑解惑，截至 6 月 17 日，救援行动累计开展 76 个个案咨询服务，涉及疫情防控、子女教育、法律救援、夫妻沟通、心理支持等多方面内容。个案结束后，个案中的经验和信息知识被社会工作者整理成文字版和语音版材料，通过网络传播给社会，以最大化地实现信息救援成效。

截至 6 月 17 日，救援行动累计发布专题文章 104 篇，阅读量为 42904 次；发布短消息 981 条，阅读量 63.4 万次；制作公益海报 120 张。

2. 物资救援

困境农民工家庭因为生产生活的需要以及部分家庭有病患者需要就医，不得不到风险较高的地方，但是他们获取防护物资的渠道和资源却十分有限。对此，救援行动从以下几个方面展开：一是通过需求评估，识别获取防护物资困难的困境农民工家庭，汇总需要救援的名单和物资数量；二是通过社会传播积极协调社会支持，其中尤其关注到防护物资缺乏儿童视角的现实，救援行动专门筹集了适用于流动/留守儿童的防护物资；三是制订科学严谨的线下物资发放计划，包括分析发放过程中的感染风险，对发放人员开展防护培训，利用大数据规划发放路线，制定并落实防护标准等，确保发放工作安全高效；四是做好救援物资的数据管理，及时向社会公示。

截至6月17日，救援行动累计为766个困境家庭（包括1705名成人、5007名儿童）发放了61527个口罩、4584件/瓶消毒用品、582罐雀巢婴幼儿奶粉、424个乐高堆砌包、2部二手手机、1部二手笔记本电脑、634本宣传册等物资，并向11所打工子弟学校的学生发放4440套复学防疫包。

3. 生计救援

2月26日至3月3日，"协作者"对46个困境农民工家庭的第二轮动态监测评估发现，随着疫情时间推移，困境农民工家庭的需求从原来的防护意识弱、防护物资不足，转入陷入生计困境的局面。有的家庭已经开始通过借钱、透支信用卡甚至网络借高利贷等方式维持生活。对此，救援行动迅速启动生计救援，针对因疫情影响失去生活来源、经济陷入困境的农民工家庭提供小额资金救援服务，协助其度过艰难时期。一是制定生计救援标准，根据评估发现的救助对象的需求程度及所面临风险的程度，将救助对象划分为紧急救援、重点救援、一般救援、咨询辅导救援4类；二是协调社会捐赠以及合作伙伴项目支持，为救助对象发放小额生计救援金；三是将救援金发放情况在第一时间向社会公示。截至6月17日，救援行动累计为113个困境农民工家庭发放134167.2元小额生计救援金。

4. 能力建设

增强权能理论认为，每个人都不缺少权能，权能不是他人授予的，而是在人们的积极互动中生长出来的。个人的无力感（问题）是环境对个人的压迫造成的。社会工作者应增强服务对象的权能，以对抗外在环境和优势群体的压迫。基于该理论，能力建设贯穿于救援行动的每个环节：一是采取"互联网+"的方式，将社会工作小组方法与在线服务相结合，开展打工者防疫能力建设小组、亲子关系小组、家庭教育小组等能力建设服务。二是针对评估中发现的家长无力辅导孩子功课，或只关注儿童的学习，却忽视了儿童在情感、兴趣发展等方面的需要，加之儿童本身自律性较差、缺少支持和引导等问题，救援行动通过"社会工作者+志愿者"的方式将之前线下“陪伴天使”服务转移到线上，通过招募志愿者，由社会工作者进行培训和协助，对困境儿童开展一对一情感关怀、成长督导、精神慰藉等服务。三是将能力建设与物资救援相结合，启动了“用我们的力量帮助我们”每周志愿服务任务清单，鼓励接受救援的困境家庭结合自身条件选择志愿服务任务。四是依据社会工作的系统支持理论视角，开展“儿童-家庭-社群-社会”四位一体的系统服务。即遵循以儿童为本的原则，从儿童服务切入，设计了“在家看世界”“防疫小记者能力建设”等流动儿童服务活动，鼓励流动/留守儿童通过参与收集疫情信息、制作播报视频、网络播报等志愿服务，培育和提升其防疫能力、自主学习能力、主动参与的意识和能力。进而通过儿童参与，深入家庭，开展家庭议事会，建立家庭互助小组，再一步挖掘与培育其社群互助能力与意识，形成社群互助网络。

截至 6 月 17 日，救援行动累计开展 9 个主题 360 次在线能力建设活动，为 184 个农民工家庭带去兴趣课堂、防疫知识、亲子课堂等服务，并为 126 个困境儿童及其家庭开展包括学业辅导、职业规划、发展性活动、返乡适应、资源对接和情感慰藉等内容的线上服务以及一对一“陪伴天使”个案服务 686 次。

（四）公众教育与政策倡导

1. 公众教育

一是结合需求监测评估的个案访谈成果，发布了《疫情下的深呼吸——新冠肺炎疫情中困境农民工家庭需求分析报告》系列个案研究报告，以及《疫情下的深呼吸——困境农民工家庭个案口述实录》系列个案故事，将困境农民工家庭的处境和需求传递给社会。

二是开展媒体传播。截至 6 月 17 日，包括中央广播电视总台、《财新周刊》《南华早报》《法兰克福报》《南方都市报》《南方日报》《中国社会报》《中国社会工作杂志》等 46 家媒体对救援行动作了报道。

2. 政策倡导

一是结合救援行动中的研究发现形成专题报告，递交给有关部门做完善政策的参考。除了上述困境农民工家庭疫情影响报告外，“协作者”对北京市448家社会组织作了问卷调查，发布了《疫情之下，社会组织在行动——北京社会组织应对疫情状况调查报告》。

二是通过会议提出政策建议。4月15日，民政部社会组织管理局柳拯局长主持召开疫情防控与社会组织能力建设交流座谈会，协作者中心负责人受邀参会，并作了《透过疫情防控，看社会组织的价值和挑战》发言，就如何促进社会组织参与抗击疫情、如何加强社会组织能力建设、如何加大关于社会组织应对疫情支持政策的出台和落实力度等方面提出建议。4月21日，国家卫健委体改司主持召开疫情防控工作座谈会，听取来自经济、法律、宣传、国际交流交往和社会工作等领域的代表关于如何做好常态化疫情防控工作的意见，协作者中心负责人应邀出席会议，并从社会工作视角看待常态化疫情防控工作，建议将疫情防控与改革管理、服务民生、促进参与、协调发展相结合，避免简单重复应急状态的管控措施。

（五）专业支持

一是开展行动研究，结合救援行动撰写发布了《困境农民工家庭防护物资发放指引》《疫情下，儿童如何参与公共卫生事件》《疫情下，困境人群在线互助支持小组的培育服务》等多篇赈灾经验总结文章。

二是参加行业会议，分享救援行动经验。如出席IACCR（社区应对新冠肺炎国际网络）以“帮助弱势群体”为主题的第二次国际网络交流会，向来自菲律宾、印度、日本、巴基斯坦和中国等多个国家的专家学者介绍救援行动经验；出席由社会组织抗击疫情协作网络主办的CNC-COVID19行知行交流会，分享了救援行动经验。

三是开展面向社会组织和社会工作者的专题培训。疫情期间，截至4月30日，通过北京市民政局委托“协作者”运营的北京市社会组织发展服务中心为社会组织提供咨询服务2001次，开展培训35场，对接各类资源共计18次。其中，结合救援行动专门开发了《社会组织如何建立灾害管理响应机制》《如何做好困境儿童在线服务》等培训课程。

四、成效与挑战：社会工作专业优势的体现

（一）主要成效

1. 对服务对象的影响

救援行动使困境农民工及其子女得到了信息知识、心理支持、防护物资、生计救援等紧急救援服务，提升了他们的疫情防控意识和能力，并使他们的基本生存和健康得到了保障。

刘霞，44岁，没上过学，2015年带着患有肾病综合征的小儿子到北京求医。刘霞的丈夫打着多份工支撑家庭，积劳成疾，于2019年12月9日去世。刘霞在老家处理完丈夫的后事后回到了北京，此时，疫情开始暴发，孩子患病、爱人去世、老人赡养、疫情期间没有生计来源……一个又一个的灾难性的打击让这位患有糖尿病、多种慢性疾病的母亲陷入绝境。

2月22日，救援行动针对刘霞一家启动紧急个案介入，协调第一批捐赠物资为其送去口罩和消毒湿巾，首先缓解没有防护用品的困难。之后链接公益组织和爱心人士为其捐赠电脑，并为刘霞的大女儿提供了一份疫情期间居家办公的工作，发动“陪伴天使”志愿者为正在上小学的患病的小儿子开展课业辅导与成长陪伴。爱心人士咪咪（化名）向救援行动捐出了她在疫情期间的加班费，缓解了这个家庭的燃眉之急。北京和睦家医疗救助基金会也积极为刘霞一家对接医疗资源。这个家庭正在社会各界的帮助之下，努力调整自己，为即将展开的新生活做着准备。

救援行动将物质救助与能力建设结合，不仅提升了服务对象的人际沟通、情绪管理、生涯规划和自我服务的能力，而且提升了服务对象的自我服务和社会参与的意识与能力，超过一半的服务对象参与了救援行动的志愿服务。

怡怡，女，16岁，和妹妹小慧是江西籍流动儿童，因父亲失踪、母亲改嫁，两姐妹成了事实孤儿，目前由姑姑照顾，但姑姑家里也有家人因病做过手术，家庭经济负担重。疫情期间，救援行动为其提供了儿童防护口罩以及小额生计救援金支持，并为姐妹俩布置了“用我们的力量帮助我们”任务。怡怡加入了救援行动倡导志愿者队伍，成了一名视频剪辑能

手，每周固定2天协助剪辑“抗疫小记者播报”视频。怡怡姐妹还专门写了一封给捐赠人的感谢信，信里说：“我知道有很多像我们这样的家庭，他们不可能像我们这样幸运。所以我和妹妹长大以后一定会好好帮助那些有困难的人，尽自己的微薄之力。”

2. 对社会的影响

救援行动同步开展的公众教育和政策倡导工作，促进了政府、企业、媒体和社会公众对疫情之下农民工群体的关注、理解和支持。3月13日，在本次疫情中极富舆论影响力的《财新周刊》发布特稿《生病又失业　疫情下的困境农民工怎么办?》，报道全篇引用救援行动的动态监测成果，向社会发出紧急呼吁：“因病致贫、丧失主要劳动力、单亲、隔代抚养等，令这些家庭格外脆弱，往往不堪再承受一根稻草。社工机构‘协作者’正在动态跟踪评估的有130多户。更多家庭散落在各个角落，亟待得到政府和社会的关注和支持。”[①] 之后，包括《南方周末》《南方日报》《南华早报》、中央广播电视总台在内的数十家有影响力的媒体报道了救援行动。

正是因为“协作者”发挥了社会工作的研究和倡导优势，才使救援行动突破传统赈灾工作的局限，成为影响社会政策、整合社会资源、促进社会参与的载体。北京三一公益基金会、北京银杏基金会、爱德基金会、北京杨孙西公益基金会、广东千禾基金会等基金会纷纷加入救援行动，为项目提供资助，乐高集团为困境儿童捐赠玩具，乐购公司紧急启动困境流动/留守儿童助学金发放，高盛公司动员员工志愿者参与救援行动，苏宁易购联合雀巢向救援行动捐赠价值10万元的奶粉，欧洲复兴开发银行动员员工为救援行动捐款……截至6月17日，有28家公益组织、企业和政府部门以各种形式参与到救援行动。而救援行动接收到的第一批抗疫物资，是民政部慈善事业促进和社会工作司社会工作处处长王铮键辗转托朋友从海外采购的口罩和消毒湿纸巾，他说：“一点心意，主要是到处搞不到，

① 特稿：生病又失业　疫情下的困境农民工怎么办？财新杂志，2020-3-13，https：//mp. weixin. qq. com/s/oulBAgt0FBZlhAydaWgZrg.

所以数量不多……”

3. 对专业的影响

一是机构自身的专业成长。救援行动期间，“协作者”发挥社会工作服务管理优势，以项目实践为服务整合平台、为多方协作纽带，为专业学习载体，开展团队集体培训13次、小组督导13次、个案督导14次，协助团队成员结合实践反思和提升专业能力。机构的服务与发展非但没有因为疫情而退行，反而在参与抗疫行动中得以全面成长，在“互联网+社会工作”、跨地域多部门联动、项目管理和信息系统建设等各方面都得到了锻炼和提升，并且极大地提高了团队的凝聚力与专业自豪感。

二是对行业的贡献。“协作者”在参与“非典”救援、金融危机干预服务的基础上，通过此次救援行动进一步整合完善农民工灾害管理经验，并通过知识管理和对外输出，为其他社会组织和社会工作者提供支持，丰富本土社会工作介入灾害管理的理论与实务。

社会工作的资源整合优势，不仅体现在服务困难群体上，也可以作用于行业发展。“协作者”在救援行动中发现，公益组织在扶贫济困，服务民生，促进社会参与等治理工作中发挥着越来越重要的作用，然而，如何让公益组织找到急需的资源、让社会资源找到优秀的公益项目，一直是困扰着公益慈善事业可持续发展的关键问题。受疫情影响，困境人群的社区民生问题日益突出，公益组织在资源筹措上也面临着更大的压力和挑战。

为了应对上述挑战，6月9日，“协作者”通过其运营的市级支持平台联合北京春苗慈善基金会发起“公益1+1——困境儿童抗疫关爱公益服务行动”，由北京春苗基金会提供第一期120万元面向全北京市社会服务机构征集困境儿童抗疫关爱服务项目，“协作者”则发挥专业支持功能，为承接项目的社会服务机构无偿提供项目管理培训、专家咨询和督导等专业支持，从而打造政府提供政策指导，资助方提供资源支持，支持性组织提供专业支持，社会服务机构专注于服务行动的公益生态链。北京市社会组织管理中心的温育梁主任认为，“这是一次极具共享理念的富有创新的公益合作”。“公益1+1”资助行动的意义不仅在于服务困境儿童、助力脱贫攻坚，也为促进首都基金会和社会服务机构的伙伴共生关系建设起到重要的引领示范作用①。

（二）主要挑战

如前所说，灾害管理是一个单位日常构建的管理与服务体系在紧急时刻的应急反应。灾害降临，单位进入应急状态，管理与服务呈现“密切监测，及时响应，立即整合，快速推进”四个特点，人员精神高度紧张，情况瞬息万变。在此情境下，救援行动主要遇到了四个挑战。

1. 如何处理有限的服务资源和庞大的救援需求之间的矛盾

这是救助性工作普遍面临的挑战。救援行动的应对策略：一是将社会工作服务功能与倡导功能结合，将救援中发现的困境农民工家庭的需求和服务建议传递出去，推动政府和社会对该群体的关注和支持；二是服务功能与支持功能结合，将服务经验开放，支持更多的组织、部门和个人参与进来。

2. 如何处理资源掌握方对脆弱人群需求认识的局限性，与困境农民工家庭实际需求的紧迫性之间的矛盾

近年来，受社会对输血式扶贫诟病的影响，很多部门和基金会不愿意资助直接发放物资和补贴的项目，对社会工作服务也聚焦于以能力建设为本的专业服务，社会工作者自身也在有意无意地回避“物质救助”的问题，以试图区别于“传统服务”。然而，困境农民工家庭在疫情期间最紧迫的就是看病和吃饭的问题。对此，救援行动的应对策略：一是坚持社会工作以服务对象为中心的需求导向原则，快速寻找能够理解此事的伙伴；二是发挥社会工作专业优势，用专业评估数据和案例说服合作伙伴；三是发挥社会工作资源整合功能，拓展企业合作伙伴；四是通过传播需求募集物资，比如救援行动发放的口罩基本是个人捐赠的；五是采取整合取向的社会工作专业策略，将直接救助与赋权增能结合起来，鼓励接受救援的困境家庭参与志愿服务，从而将社会工作助人自助的理念通过救援行动转化为现实。

---

① 协作者云社工．携手公益伙伴，关爱困境儿童——疫情下的困境儿童发展论坛暨公益1+1项目启动发布会召开，https：//mp. weixin. qq. com/s/bbP_ gaPU2wo3cmU0ecgTqA，2020-6-13.

3. 如何处理疫情持续发展造成的困境农民工家庭需求不断变化的问题

救援行动的应对策略是，建立动态监测评估体系，定期对困境家庭进行回访：一是了解需求变化；二是回访过程即是个案服务的过程，通过回访解决传统评估中服务对象被动性、单向性和易产生依赖性的问题。“需求调查是对话的过程，有社会工作者的‘引发’，才会有受访农民工的‘回应’。理解发生在互动过程中，通过对话，农民工群体才有更多的机会实现自我表达。社会工作者在引导对话的过程中，尽管调查之前已经对对方有一定的了解和认识，但任何的假设不能也不会阻碍我们对对方更进一步的深入理解。因为我们不是抱着写出调查报告而作出的‘您近来生活如何?’的提问，而是作为一个人，作为一个社会工作者，对对方的困苦发自内心的关心。对话，就是社会工作者专业服务的开始。”①

4. 如何降低农民工群体的脆弱性

“非典”以来，经过17年的发展，为什么农民工依然如此脆弱？这是“协作者”在救援行动中不断自我追问的一个问题。

从灾害管理的角度，农民工的脆弱性其实是先于疫情而存在的，且在疫情之后将依然存在。而在脆弱性的背后，既有个人意识和能力的问题，也有长期的制度性缺失的问题，需要持续性、系统性地介入。社会工作的另一个专业优势是将解救危难与促进发展有机融合，既要回应服务对象的眼下困难，更要着眼于恢复和增强服务对象的社会功能。为此，“协作者”的应对策略是在救援行动的基础上，计划未来重点开展基于个案管理的农民工困境家庭救助与赋能服务。

一是以每个困境农民工家庭为中心，通过个案管理（组建跨学科跨领域专业团队开展个案服务）与信息管理（建立困境家庭动态需求监测与信息管理平台）两个主要介入策略，从预防-救助-发展三个阶段，围绕教育救助、健康救助、生计救助和支持网络建设四个方面，系统性地支持困境农民工家庭摆脱困境。

---

① 潘愉．社工手记——从需求调查，看见农民工不被看见的生活，https：//mp.weixin.qq.com/s/G9z1LpwTJMESvmC32PdxWA，2020-6-13.

二是社会工作优势视角要求服务者在看到人们的脆弱性的同时，还要发现和尊重脆弱人群的能力。“协作者”计划创建一所没有围墙的“学院”，针对社会工作专业人才匮乏，而想参与其中的打工青年却又缺乏学习机会的矛盾，培育有志于投身公益的打工青年成为持有社会工作职业资格证书、具备专业理念和实务能力的社会工作专业人才，投身到社会工作专业建设中，使“弱者”改变命运，让公益有人才可用，突破农民工“被服务”的困局，实现助人自助①。

五、反思：如何发挥社会工作专业功能做好常态化防控

如何防止灾难再次降临？这是“协作者”在救援行动中不断自我追问的第二个问题。对此，中央提出了常态化防控的要求。那么，面对人口的大范围流动，面对风险社会的到来，面对社会撕裂的趋势，我们该如何发挥社会工作的专业功能，做好常态化防控？下面结合救援行动的实践体会，提出三点建议。

（一）将常态化防控与社会建设结合

疫情集中反映了我们长期以来存在的脆弱性，并且它们在疫情之后还会继续存在。因此，从社会工作服务视角看，应急状态下的紧急救援只是灾害管理的阶段性工作，灾害管理的基本策略是在社区中有策略地开展一系列活动，以降低潜在危险发生的可能性，以及帮助社区减轻或消除脆弱性，增强能力，减轻灾害对人们的影响。这其实是发展性社会工作服务的概念，属于社会建设的重要组成部分。因此，建议从这个认识层面重新定义和理解常态化防控，将预防-治疗、救助-发展结合起来，才能避免常态化防控简单地重复应急管控措施、过度防控的问题。

而如果我们将常态化防控与社会建设结合起来，那么疫情防控工作就会成为促进公共卫生、社区治理、社会救助、经济生产和科研教育等社会建设活动的重要手段，中央提出来的“六保”底线才能得到保障。

---

① 协作者云社工．协作者学院——多一个选择，改变自己和他人的命运，https：//mp. weixin. qq. com/s/7P3foeCTVL_ 7bcJBjZHc7A，2020-3-20.

其中，尤其需要社会工作者在日常服务中，发挥社会工作专业的评估优势，结合能力与脆弱性分析框架，识别出脆弱性较高的困难群体，比如信息获得性较弱的老年人和教育程度低的人群、生计困难的非正规就业农民工、需要社区照顾的老弱病残人士等，识别出社区的薄弱环节，有针对性地将脆弱人群纳入社区服务中。比如通过社区教育降低态度层面的脆弱性，通过社会救助消除物质层面的脆弱性，通过社区互助组织培育消除组织层面的脆弱性，等等，从而将常态化防控与发展性服务结合起来，通过专业服务贯彻落实习近平总书记关于“抓紧补短板、堵漏洞、强弱项，提高应对突发重大公共卫生事件的能力”的重要指示精神。

如果说问题视角有助于我们分析脆弱性，那么社会工作的优势视角则突出脆弱人群的能力，强调助人自助，反对仅仅从“受灾者”和“救灾需要”的角度看危机。行政化主导的社区防控在短期内似乎有效，但由于其忽视脆弱人群的能力，忽视防控对象的参与，成本极高，仅适用于紧急状态，无力无法常态化，长期如此势必造成人们的被动性和依赖性，不仅不能增强人们的能力，反而会进一步加剧人们的脆弱性。这一点，无论是灾害管理领域，还是扶贫发展领域，都已被反复证明。

因此，灾害管理在看到人们的脆弱性的同时，还要发现和尊重人们的能力。常态化防控的最大风险就是不专业、不参与的问题，由于不懂专业，措施简单粗暴，不尊重人们的尊严和能力；由于不注重参与，单方面的高压管控，以及过度反应，短时间内似乎遏制了疫情，但长期看其实反而加剧了脆弱性，导致了衍生灾害，比如对困难群体的生计造成了严重的影响，甚至导致困难居民自杀、舆情急剧恶化、干群关系紧张等。不专业、不参与的弊端，在短期的应急状态可以暂时得以掩盖，但在常态化下将日趋凸显。

（二）做好以社会工作为支撑的“三社联动”

本次疫情深刻地反映了任何一个地区、任何一个组织都无法独立应对灾害，灾害管理必须做好多方参与，联防联控。疫情防控期间，民政部多次强调构建“三社联动”机制，共同筑牢社区防控安全屏障。社会工作在其中扮演着重要的专业支撑角色，而社区是阻断疫情传播的关键。社区居委会作为代表社区的法定自治组织，也是落实政府命令的基层组织，其大部分精力被行政性事务占据，在应急状态已经精疲力竭，即使在常态化下也缺乏动力、精力和能力开展社区专业服务。

因此，常态化防控必须将社区管控与专业服务结合起来，“三社联动”正是为了解决社区服务专业程度不高、社区居民参与不足、社区资源缺乏整合的问题而产生的联动机制，其特点是强调社区部门、社会组织和社会工作人才队伍三大社区服务主体的独特性、互补性和整合性，发挥社区居委会作为社区自治组织的行政管控的优势，发挥社会组织作为参与载体的社会动员的优势，发挥社会工作作为科学的慈善的专业助人的优势，形成优势互补，共同促进社区建设的联动机制。

2013 年，“协作者”受北京市民政局委托，在北京市启动了第一个“三社联动”机制建设试点项目，经过几年的实践，探索出以社区为资源配置平台，以社会组织为组织载体，以社会工作人才队伍为专业支撑，优化配置三方资源，构建以培育社会组织、发展社会工作、促进社区参与为格局的“三社联动”机制，并完成了民政部委托的研究课题①。“协作者”在实践中体会到，“三社联动”的关键是社会工作的专业支撑。脱离了社会工作的支撑，无论社区，还是社会组织，均难以实现服务专业化。救援行动实践证明，社会工作通过与社会组织和社区的联动，在灾害管理中可以发挥多重专业角色功能。

1. 服务提供者

包括直接服务与间接服务，其中直接服务包括针对个人和家庭的个案工作、针对团体的小组工作和针对社区的社区工作；间接服务包括行政管理、调查研究和专业督导等，以及直接服务与间接服务相结合的合并服务，如救援行动中将针对困境农民工家庭的信息救援、生计救援、能力建设和个案服务结合起来。这些服务分布于人们生活的各个领域，并作用于灾害管理的各个阶段。

① 李涛．三社联动：社会组织与社区、社会工作互动机制建设［M］//中国社会组织报告（2018）．北京：社会科学文献出版社，2018.

2. 需求评估者

不同类型的社区居民的需求在应急阶段和常态化阶段有何不同？这是一个专业问题。不仅不同类型的人的需求有差异，同一类型的人的需求也会随着疫情的变化而变化，比如“协作者”救助的困境农民工家庭的需求，从疫情初期的防护资源的需求，逐渐转变为生计和子女教育，并在后疫情时期转变为发展信心低迷、城市化信念降低等。社会工作是以需求为导向的专业，有一套科学的完善的服务通用过程模式和专业评估方法，能够快速评估出服务人群的脆弱性，精准识别灾害管理的薄弱环节，为各界有针对性地参与灾害管理提供指引，是落实好中央提出的“及时发现、快速处置、精准管控、有效救治”的常态化机制的专业保障。

如前所述，社会工作专业评估的优势不仅在于科学地搜集数据，亦体现在互动中实现赋权增能的服务过程。6 月初，救援行动开展的第四轮动态监测评估发现，受访农民工通过和社会工作者的交流，对家庭长期规划有了基本概念，灾害管理意识有所提升。

> 我们原本都是过一天算一天，但是从认识你们到现在，真是帮了我们大忙了，我感觉我家孩子，还有我自己，通过跟你们交流都有进步了。我都没想过自己能撑过来，现在我和孩子都有工作，也算是好事。比以前好多了。
>
> ——救援行动第四轮动态监测评估个案 2
>
> 我认为交流家庭计划还是很好的，我以前从没想过这么多，也没和任何人说过这么多，感觉任何事也没有人分享，只有和你们说过所有家里的人和事，感到很贴心，能够讲出来感觉心里也很舒坦。
>
> ——救援行动第四轮动态监测评估个案 33

3. 资源整合者

社会工作专业有一套资源整合的专业方法，与社会组织的社会性优势结合，结合需求评估，引导和整合资金、物资、人力、知识技术等资源，在疫情的不同阶段，针对不同的人群而得以合理配置，从而降低救助对象在认识、物质和组织层面的脆弱性。

4. 服务创新者

同一个灾害作用于不同的社区和人群，产生的影响是不一样的。个别化是社会工作的服务原则，与社会组织创新成本低、机制灵活的优势结合，可以大量地尝试新的防控方法，填补公共服务的死角和短板。比如，“协作者”在救援行动中将需求评估与社会传播结合，使需求评估为服务开展提供依据的同时，转化为宣传和倡导成果，成为影响社会、教育公众的重要手段。

5. 政策倡导者

人们在危机中暴露出来的脆弱性往往与社会结构和制度有关，政策短板会在危机中凸显。调查研究和政策倡导是社会工作的间接服务方法，与社会组织扎根基层、与服务对象在一起的优势结合，尤其是熟悉和了解一些特定领域、特定人群的个性化需求的优势，社会工作者可以敏锐地发现政策与实际的偏差，从而协助政府实现政策创新，完善社会福利、社会救助和社会保障体系。

6. 公众教育者

社区教育是社会工作的社区工作手法之一，应用于疫情防控：一是灾害管理知识的普及教育，二是消除灾害引发的社会冲突的融合教育。比如，本次疫情暴露出的社会撕裂问题、对湖北人和外来人口的排斥问题。社会心理隔离的问题需要很长时间的干预才能弥合，各类边缘人群的所思所想及他们的需求和声音，仅靠政府部门很难接触和理解，比如残障儿童在想什么、失独家庭怎么看疫情、复工的农民工面临的挑战是什么……只有为他们服务的社会组织和社会工作者主动替他们发声，才能让社会更好地理解和接纳，这是公众教育的范畴。

7. 服务支持者

中央“六保”专门提出保基层运转，因为如果参与疫情防控的医护人员、社区工作者、志愿者等基层人员得不到支持，常态化防控就不可能实现。基层人员的支持，不仅需要政策层面和物质层面的保障，还需要专业层面的保障。社会工作有一套专业的督导方法，可以从情感和技术上为基层工作者提供个性化的支持，从而降低和消除医务工作者、社区工作者、志愿者和社会组织从业者在常态化防控中出现的倦怠感、无力感和愧疚感。

8. 专业引领者

社会工作是国家推进现代社会治理体系建设的战略举措，分布于社区、医疗、学校、家庭和企业等各个领域，关系到各个领域的专业服务质量的提升，比如在医务社会工作领域，社会工作者与医护人员协作，在医患关系调解、患者和家属的精神慰藉、照顾者的喘息服务、晚期患者的临终关怀、病亡家属的哀伤辅导等各个环节都可以发挥专业作用。试想，如果我们有一套成熟的医务社会工作服务体系，本次疫情可以减少多少悲剧。令人遗憾的是，目前除民政部门外，大多数部门以及公众对此的认识和支持还处在空白期。这是导致我们的社会治理在服务环节存在脆弱性的原因之一，也是时代赋予当今社会工作者的专业使命。

（三）做好政府、市场和社会的三方联动

社会工作专业功能如此重要，专业优势如此明显，但如何有效发挥？为什么同样是社会工作专业人才，在不同的组织形态和工作环境中，其发展空间和作用发挥存在着巨大的差异？

社会工作人才要发挥好专业作用，需要一个基本的专业支持系统，这个系统包括从需求评估到计划制订到监测评估到能力建设等一整套的专业服务流程和管理制度安排。脱离了这个支持系统，能力再强大的社会工作人才也难以发挥专业作用。这个系统就是专业所依托的组织载体的问题。

政府、市场和社会三大部门的均衡发展、有效协同是现代治理的基础，三大部门在灾害管理中各有角色优势。比如，政府发挥公共管理角色，依法做好法治保障和资源保障，做好公共卫生和疾病防控；市场发挥优化配置的角色，做好物资生产和供给保障，同时履行企业社会责任，促进就业和体面劳动；社会的代表是社会组织，其发挥社会性、志愿性、自主性和公益性的角色优势，激活社会力量，整合社会资源，做好困难群体保护。但三大部门也有失灵的时候，比如在本次疫情初期，疾病防控和医疗救治严重滞后，出现了政府失灵，之后是防护物资奇缺，有钱也买不到，市场机制失灵，紧接着是社会失灵，出现困难居民非正常死亡的现象，人们不禁要问公益力量在哪里？所以说灾难危机中三大部门的失灵都会出现，唯一的办法是三方联动，互相补位。

三方联动的短板在社会，由于社会发育不充分，导致我们自上而下的防控不能与自下而上的参与结合起来，第一部门疲于奔命，既难以覆盖困难群体、边缘群体的需要，也难以兼顾管理与服务。而造成短板的根源在治理思路，需要政府转变思路，转变职能，承认和鼓励社会的参与，建立政社协同的应急管理新常态。

社会工作服务的主要载体是公共服务部门和作为第三部门的社会组织，其中社会组织因其志愿性、社会性、非营利性和自主性的组织特性，更适合社会工作以需求为导向，以解救危难、维护正义、促进发展为目标的专业功能的发挥。目前，全国有 87 万家社会组织，上千万社会组织从业人员，上百万专业社会工作者，分布在各个领域，但受制于资源，难以充分发挥专业作用。随着疫情反复，以及风险社会的到来，大量难以预测的社会问题会爆发，因此建议政府：一是加大购买社会组织承接社会工作专业服务力度，一方面发挥社会组织的参与优势和社会工作的专业优势，抗击疫情，服务民生；另一方面通过购买服务，引导、培育和发展社会力量参与常态化防控。二是将社会工作纳入国家应急管理体系，包括应急管理规划设计、减灾防灾能力建设、紧急救援和灾后重建等各个环节，这些环节均应确保社会工作服务机构和社会工作者的参与，从而建立政社协同、多方参与的应急响应长效机制。

这不是哪个专业的问题，而是救国救难的问题。

How to Apply Professional Social Work Methods in Disaster Management-A Reflection Based on Experiences Helping Migrant Workers Fighting Against Coronavirus

Li Tao

Abstract: How to apply professional social work methods to better combine ad-ministrative control with social work services, in the context of a top-down pandemic prevention and control environment, is a keen issue to be addressed as the governance of the society is challenged by the outbreak of Covid-19. The Facilitators, one of the first social work NGOs in China, initiated the project helping migrant workers fight against coronavirus, which combines social work concepts and method with strengths and weaknesses analysis framework when offering services. Firstly, the project quickly identified the weaknesses of migrant worker families living in difficulty to offer tailored help on information, materials, living subsidies and capacity building support to ensure safety of the clients, with a strengths perspective that promoted self-help and mutual help. Secondly, the project worked on public education and policy advocacy together with social work services to encourage more human disease prevention and control measures by the government and the society based on the needs of the vulnerable. Thirdly, the project went beyond the traditional social work services to bring together action researches and professional support to NGOs, summing up disaster management experiences and promoting development of NGOs and social work as a field. The project formed a local action model that combines emergency help, research and advocacy, and professional support to NGOs for disaster management with a social work perspective. That addressed the issue that traditional relief focusing on material help lacks attention or capability for further analysis or capacity building. It contributed to a balanced disease prevention and control approach that promotes social progress.

Keywords: Social Work, Covid-19, Migrant Worker, Disaster Management, Help

中国社会工作学刊　第二辑
第195~209页

新冠肺炎疫情期间自闭症家庭的心理支援
——基于武汉的社会工作服务案例

李　娜　袁　艺*

【摘要】 新冠肺炎疫情期间，居家隔离使自闭症孩子的康复训练中断，给这些特殊的孩子及其家庭带来严重情绪困扰和潜在行为风险，因此，华中科技大学星希望社会工作团队启动“自闭症家庭心理支援”项目提供专业服务。通过建立线上训练营开展康复指导，重启自闭症孩子的康复训练；以家庭抗逆力为主题，给家长开展个案心理访谈，协助家长进行心理调适，重塑家庭对孩子康复的信心和力量，促进了亲子之间的良性互动；运用影像发声法，为这些特殊家庭建立小组互助网络，搭建起充满安全感和归属感的家庭命运共同体，激发出家庭之间携手走出困境的正能量。

关键词： 自闭症家庭　心理支援　家庭抗逆力

一、服务缘起

新冠肺炎疫情席卷全国，对于身处武汉本来就是困难群体的自闭症孩子和家庭来说更是一场危机。疫情中断了孩子们到线下机构的康复训练，无法进行连续性的干预，很容易产生功能退化。疫情也打乱了家长们的生活，防疫期间面临各种问题，心理压力急剧上升。长时间的居家隔离不仅让自闭症孩子们之前积累的进步付之东流，更给这些特殊孩子和家长们带

---

* 李娜，博士，华中科技大学社会学院讲师，华中科技大学星希望社会工作服务团队督导教师，研究领域：社会工作教学与研究、康复社会工作、学校社会工作。袁艺，华中科技大学社会学院社会工作专业硕士研究生，华中科技大学星希望社会工作服务团队成员。

来负面的情绪困扰和潜在的行为风险，急需社会的援助和支持。

2020 年 2 月 18 日，国家卫生健康委发布了《关于加强新冠肺炎疫情期间严重精神障碍患者治疗管理工作的通知》，特别指出要做好居家严重精神障碍患者的管理治疗和社区照护①。中国残疾人联合会精神残疾人及亲友协会也根据中国本土实际，发布了 2020 年世界孤独症日的宣传主题："格外关心 格外关注——推动建立孤独症家庭救助机制"，疫情下的自闭症孩子及其家庭引起了社会的广泛关注。

华中科技大学星希望社会工作服务团队 9 年来为 150 多个自闭症孩子及其家庭提供了专业社会工作服务，在武汉疫区，当自闭症家庭的社会功能遭到严重破坏，无法进行正常生活时，该如何发挥社会工作的专业优势，帮助他们在特殊时期度过危机，是星希望社会工作团队需要探索与实践的重要内容。因此，应疫情期间自闭症家庭防疫抗疫的需要，华中科技大学星希望社会工作服务团队启动了武汉"自闭症家庭心理支援"社会工作服务项目。自 2020 年 2 月 8 日起，华中科技大学星希望社会工作服务团队展开行动，利用网络资源，秉承"在生活中康复，在康复中生活"的理念，在线上及时为武汉市美好家园心智障碍人士家庭支援中心的 37 位自闭症孩子及其家庭提供线上指导、心理支援、政策倡导、资源整合等服务。

二、服务思路

（一）服务对象

本项目的服务对象是身处武汉地区的 37 位自闭症孩子及其家长，在重大疫情发生时，这些本来居于社会脆弱境地的人群可能面临更大的危机。

首先，身处武汉疫区的自闭症孩子中断了日常的机构康复训练，被迫居家隔离，长期在家让自闭症群体的生活环境变得更为封闭单一，疫区的家庭生活局限于封闭空间中，孩子们的康复训练受到限制，对他们的日常生活产生严重影响。其次，这些家庭属于社会中的脆弱群体，常会受到歧

---

① 国家卫生健康委. 关于加强新冠肺炎疫情期间严重精神障碍患者治疗管理工作的通知，http：//www. nhc. gov. cn，20200218.

视与排挤，家庭内部又长期投入于孩子的康复中，有些家长失去了工作，有些家庭关系破裂。疫情期间封闭的家庭环境使心理的不良情绪得不到排解，很容易产生家庭矛盾，致使家庭内部冲突增多，需要社会工作者的及时介入。此外，这一群体获取社会资源的渠道较少，因病症长期进行康复训练，家长将全身精力都投入孩子的日常生活中，家庭的社会支持网络缩小，疫情中更是无法得到有效的帮助和支持。

（二）理论基础

增能（empowerment），是指挖掘与激发案主潜能的服务过程、介入方式和实践活动。增能可通过三个层次实现，即微观个人层面、中观人际层面和宏观社会层面[①]。个人层面的增能指个体控制自身的生活能力以及对所处环境的融合与影响方面，包括实际控制能力和心理控制能力两方面。个体增能聚焦于个体自身生活能力和影响社会环境的能力的提高，注重个体改善环境的行动和心理上的控制感。人际层面的增能不仅在与他人的互动中形成社会支持网络，而且在和他人的互动中提升家庭影响力。社会层面的增能目的是影响社会决策，一方面表达自己的利益诉求，另一方面争取到社会公正和社会平等待遇。

本项目从以上三个层面展开，给自闭症家庭提供心理支援，实现为自闭症家庭增能的目标。在微观个体层面，通过家庭之间照顾经验的分享和女性视角的个案访谈，让家长掌握子女照料知识和技能，帮助自闭症家长中的母亲挖掘自身潜能，提高自我效能感与生活掌控感；在中观人际层面，以家庭抗逆力访谈重新解构家庭，进而改善家庭的内部交往模式，同时建立家庭互助网络，扩大家庭的人际关系网络，提升家庭的影响力；在宏观社会层面，运用影像发声的方法，提高家长社会参与的积极性，促进家长向社会表达自己的诉求，通过帮助申请公益项目，为自闭症家庭争取更多社会支持。

（三）服务目标

在这一思路下，服务的总目标是，为疫情下的自闭症家庭提供心理支

① 范斌．弱势群体的增权及其模式选择［J］．学术研究，2004（12）：73-78.

援，帮助家庭获得知识、技能和资源，从而积极掌控生活的状态，达到增能的目的。服务的分目标为：微观个人层次，提升家长解决孩子发生行为问题的能力，缓解疫情下的焦虑情绪；实现个人层面的心理控制感，提升家长的自我效能感。中观人际层次，发掘家庭内部的自身优势和资源，使其更加积极地面对逆境，提升抗逆力；家庭外部建立起互助网络，提升家庭影响力。宏观社会层次：促进家长主动表达利益诉求，从而改善自己的困难处境；协助这一群体申请公益项目，获得更多社会资源。

三、服务内容

本项服务主要分为三个层次，即微观个人层次、中观人际层次和宏观社会层次。个人层次的服务包括居家康复训练营和女性视角访谈；人际层次的服务包括家庭抗逆力访谈和家长加油站；社会层次的服务包括影像发声小组和公益项目筹款。通过这 6 项服务，为自闭症家庭提供心理支援，实现为自闭症家庭增能的目标。

（一）微观层面：个人增能

1. 居家康复训练营

大部分自闭症的孩子都比较刻板，需要家庭长期的陪伴和康复训练。很多家长平时忙于工作，缺少学习居家康复技能的渠道，总感觉力不从心。尤其当疫情改变了孩子日常的生活方式，孩子的行为和情绪问题会增加，所以家庭最迫切需要帮助孩子进行居家康复训练，获得知识和技能解决孩子的行为问题。

星希望团队将服务的实践场域从机构转向网络，携手美好家园开展居家康复训练营，在线上帮助自闭症孩子规划生活、巩固能力、学习技能。训练营由专业指导老师来讲解居家需要的康复干预技巧，并通过实操视频示范的方式，帮助解决教学活动中遇到的问题。社会工作者协助管理线上康复训练微信群，以打卡的形式鼓励家长们进行居家康复技能学习，帮助孩子们进行居家康复训练，督促并记录孩子们每天的居家生活训练和艺术疗愈学习。同时，进行微信群运营，引导家长在微信群内分享子女养护经验，提升家长解决孩子发生行为问题的能力，进而增强自我效能感。这项服务不仅帮助孩子们重启了被中断的康复训练，而且促进了孩子和家长之间的良好互动。

2. 女性视角个案访谈

在自闭症家庭中，女性全职陪伴孩子的比例很高，这些特殊母亲失去了职业，全身心投入到孩子和家庭中，却很少再为自己考虑。疫情时期自闭症孩子的母亲承担了较之以往更多的压力，长期居家为自闭症家庭带来了发生矛盾冲突的可能。因此，本项个案访谈立足于女性视角，引导自闭症孩子的母亲进行自我觉察与自我赋能，一方面倾听孩子成长康复过程中母亲们的心路历程，给她们提供情感倾诉的机会，对其情绪进行梳理，以缓解其心理压力；另一方面让自闭症孩子的母亲审视自己的内心，提升其自我效能感，以此增强个人层面的心理控制感。

社会工作者以叙事治疗为理论依据，进入到自闭症孩子母亲的生活情境中，叙事内容共分为四部分，分别是基本情况、成长经历、心路历程与社会支持。首先，通过倾诉所处困境，帮助女性梳理自己的情绪，重新审视当前的生活状态，减少负面情绪的蔓延与升级，引导其以积极正向的态度面对疫情及孩子的康复；其次，运用社会工作技巧引导女性回溯自己的过往，讲述解决问题的成功经验，将个人能力从照顾孩子延伸至家庭、工作、社交等方面，帮助母亲发掘自身潜能，从而提升自我效能感；再次，利用具象化的场景设置帮助女性明晰自己拥有的社会支持，从而减少无力感，增加对生活的掌控感；最后，通过女性视角的个案访谈，全面了解这一群体的心理状态和社会需求，关注妈妈们所需要的社会支持，希望能在今后给她们提供更多元和更优质的服务，为未来服务的方向提供指引。

（二）中观层面：人际增能

1. 家庭抗逆力访谈

新冠肺炎疫情期间，长期的居家生活为自闭症家庭带来了发生矛盾冲突的可能，如果不能正确处理负面事件，可能会给家庭关系带来一定挑战；反之，如果能够积极面对，对于家庭力量的增强也能起到一定的促进作用。因此，星希望团队开展了以家庭抗逆力为主题的心理访谈服务。

社会工作者以家庭抗逆力理论为依据，首先，与家庭共同探讨如何看待问题和作出选择，从而重建家庭信念；其次，协助家庭学习如何调整家庭模式，从而缓冲压力，有效处理危机和逆境；最后，帮助家庭改善家庭沟通过程，从而使家庭在面临危机和逆境时形成良性互动，合作协商以共渡难关。

家庭抗逆力主题的服务不仅帮助家长们缓解了一直紧张的情绪状况，带给家长亲人般的陪伴；而且在访谈过程中全面发掘了家庭的优势和资源，帮助家庭更加积极地面对逆境，提高家庭抗逆力；此外，还使社会工作者全面了解家庭抗逆力的形成过程与主要因素，为之后服务的开展提供明确方向。

2. 家长加油站

自闭症孩子家长的生活拘泥于孩子的生活范围，照顾孩子已经占据了家长的大部分精力，他们很少有自己的私人时间与空间；由于孩子在公众场所可能出现刻板行为，由此引起社会的异样眼光，家长也因此减少了家庭的外出活动。而良好的人际关系可以帮助人们调节自己的情绪，有助于缓解压力，所以自闭症家庭更需要扩展人际关系网络，从压抑的生活中解脱出来。疫情发生后，家长们居家全天同孩子在一起，照料时间加倍，精神压力急剧上升，特别需要宣泄情绪和倾诉郁闷。

“家长加油站”是星希望团队建立的以自闭症孩子家长为主体的互助网络团体，家长们在团体中可以同其他家庭相互交流，分享照顾孩子的经验，寻求其他家庭的帮助。不仅如此，星希望团队还为家长们开展公益讲座，帮助家长们调整心态、缓解压力，促进家长在疫情期间探索亲职意义、凝聚家庭力量。此外，社会工作者们通过分享服务的感受，鼓励在疫情中坚持康复训练的家庭，协助他们以更好的状态帮助孩子进行居家康复训练。

这项服务不仅打破了空间壁垒，帮助自闭症家庭构建网络交流平台，从而实现了团体解压的目标，帮助家长在疫情中进行心理调适；而且凝聚起家庭的能量，促进家庭与家庭之间的互动和联系，搭建了充满安全感、归属感、幸福感的家庭互助网络，在人际层面提升了自闭症家庭的影响力。

（三）宏观层面：社会增能

1. 影像发声小组

自闭症家庭是特殊群体，社会支持网络脆弱，不易获得社会资源。一方面，政府对于自闭症家庭的补贴政策较少，在疫情中自闭症家庭更是容易被忽视的特殊群体；另一方面，一些自闭症孩子家长的文化程度不高，时间精力不足，获得资源信息的渠道有限，加之缺乏自我表达的意识，不善于表达自我诉求，更是加大了获得资源的难度。在对自闭症孩子家长进行心理访谈后，服务团队了解到疫情对家长产生了一定的心理冲击。疫情期间，家长们不仅担心孩子居家隔离产生各种行为问题，烦恼于疫情中的家庭关系，而且加深了自己老去后孩子无法生存问题的焦虑。

因此，星希望团队采用影像发声手法，建立家庭互助小组，鼓励家长拍摄记录真实生活，通过“孩子居家康复的生活”“和孩子在一起的生活”和“畅想孩子的美好生活”三个层层递进的主题，就居家康复经验、家庭关系处理和孩子未来安置等问题，引导家长讲述他们的生命故事并进行团体分享，以照片、视频等影像为载体帮助家长们找到答案，鼓励家长向社会表达自己的利益诉求。

首先，聚焦孩子的成长，以居家康复生活为主题，回顾孩子过去的成长经历，引导家长说出自己的故事，增强家长个人的自我效能感；其次，聚焦家庭成员内部及家庭和外部的联系，通过描述家庭状态，增强人际对家庭的促进，获得批判思考的能力；再次，聚焦子女的未来安置，通过让家长畅想孩子的未来，评估家庭的实际需求，鼓励家长向社会表达自己的利益诉求；最后，邀请残联领导、康复机构负责人、康复和心理专家等专业人士倾听家长的心声，以此推动有关自闭症的讨论，并使自闭症孩子的家长成为改变社会的倡导者，以实现自闭症家庭社会层面的增能。

这项服务唤起了自闭症家庭对自身能力的自信，重建了家庭的自尊；增强了家庭的归属感与融入感，促进自闭症家庭对社区事务和社会活动的参与；促使自闭症孩子家长主动表达利益诉求，从而改善家庭和群体的困难处境。

2. 公益项目筹款

为帮助自闭症家庭这一群体申请到公益资助项目，星希望团队积极行动，向社会各界发出捐赠倡议：“武汉战疫，联合助残！在这个特殊的时期，关注这一特殊人群，让我们一起给他们一个温暖的关怀!”通过各方的共同努力，筹得 10000 元的善款，从而获得公益项目 40000 元的配捐，使自闭症孩子获得更好的专业康复和更多的防护物资。

四、服务实施

（一）服务初期：评估逻辑下的适度干预

在武汉疫情暴发之时，面对突发的公共卫生事件，社会工作者需要进行多方面的评估。服务的初期阶段从 2020 年 2 月初到 2 月底，为期 1 个月。在评估的逻辑下进行适度干预，主要包括“社会工作团队自身评估”“服务对象需求评估”“服务方式和内容评估”三个部分。

1. 社会工作团队自身评估

由于自闭症孩子迫切需要外界支持来帮助他们恢复康复训练，美好家园的负责人主动联系了华中科技大学星希望社会工作服务团队，希望能为他们提供疫情期间的帮助和支持。而重大公共卫生事件爆发时，社会工作者首先需要对自己有清晰的认识，所以团队督导在服务初期评估了成员的身体健康、专业能力、服务时间等，判断成员是否符合参与服务的条件。首先，项目负责人与团队成员进行联系，了解成员的身体情况和心理状态。其次，在确保成员身体健康、没有受到非理性情绪影响后，评估了服务团队的专业性。本次项目招募的成员均为华中科技大学社会学院社会工作专业的老师和学生，掌握专业的社会工作理论和实务技巧，对自闭症有一定的知识了解和实务经验。最后，安排团队成员的工作时间，确认团队成员服务时不会受外界影响，有足够的时间和精力为自闭症家庭提供服务，保障了服务的稳定性。

2. 服务对象需求评估

在确保社会工作者有能力为自闭症家庭提供服务后，针对疫情下自闭症家庭的需要，星希望社会工作团队将评估与服务同时进行。首先，以每个自闭症孩子为服务对象进行个案管理，评估自闭症孩子及其家庭的需求，以家庭为核心进行评估，通过“居家康复训练营”家长上传的孩子的打卡视频，评估孩子的发展水平状况。其次，通过查找相关资料、与机构负责人深入交流，制定了“自闭症家庭需求调查”问卷，了解37个自闭症家庭的基本信息和需求。再次，对家庭进行半结构式访谈，深入了解家庭的需求并进行评估。最后，依据调查结果，进行家庭需求分析，为自闭症家庭提供个性化服务方案，有效为自闭症家庭进行心理支援。通过对问卷结果和访谈资料进行分析，了解到自闭症家庭在疫情期间最需要的服务是孩子的居家康复技能与家长的心理疏导服务，因此确定服务的主要目的是帮助家庭掌握居家康复的知识和缓解疫情焦虑的情绪。

3. 服务方式和内容评估

新冠肺炎疫情暴发后，人与人之间的感染性极强，为了控制疫情的发展，武汉居民包括自闭症家庭都在居家隔离。一方面为了保障服务对象和自身的安全，另一方面为了及时向自闭症家庭提供服务，社会工作者将社会工作的服务场域从线下转为线上，通过电话访谈和网络视频等形式提供心理支援服务。

疫情期间自闭症儿童及其家庭状况有别于平日，如何明确服务的内容、确保服务的效果亦是本项目的重点和难点。服务团队通过问卷调查和家庭访谈了解自闭症家庭线上康复的需求，以此为核心设计服务内容；同时，将星希望整体团队按照个人层面、人际层面、社会层面分成三个子团队开展不同主题的服务，对自闭症家庭进行精准帮扶。

（二）服务中期：整合逻辑下的综合服务

在服务中期，社会工作团队充分利用相关信息和资源提供综合服务。服务中期是各项服务的正式实施阶段，从3月初开始至6月底结束，历时4个月的时间。在整合的逻辑下实施服务，主要包括“资源整合服务”和“方法整合服务”两方面内容。

1. 资源整合服务

第一，寻求专业资源。在“居家康复训练营”中，邀请康复专家加入其中，鼓励在疫情中坚持康复训练的家庭，帮助家长们调整心态、缓解压力，并指导家长日常生活中与孩子的相处方式和技巧，促进家长在疫情期间对亲职意义的探索，协助他们以更好的状态去照顾孩子；在“家长加油站”中，邀请心理专家参加座谈，为家长们开展家长沙龙，提供心理支援服务，疏解家长们的负面情绪，实现团体解压的目标。

第二，链接社会资源。在“影像发声小组”后期，邀请残联领导、康复机构负责人、康复和心理领域的专家倾听家长的心声，为推动自闭症社会救助政策的出台提供社会支持；社会工作者作为资源链接者，为帮助自闭症群体申请到公益资助项目，积极向社会各界发出“武汉战疫，联合助残!”的捐赠倡议，将宝贵的社会资源有效链接给有需要的人群，满足自闭症孩子及其家庭的需求。

2. 方法整合服务

第一，开展个案心理访谈。项目运用个案服务的形式，为身处武汉的自闭症家庭和倍感不易的自闭症孩子的母亲，以家庭抗逆力和女性视角为主题，开展个案心理访谈服务。

第二，建立小组互助网络。项目运用小组工作的模式，为37个自闭症家庭开设影像发声线上小组，搭建充满安全感、归属感、幸福感的家庭互助网络。

（三）服务后期：发展逻辑下的评估跟进

在服务后期，要对整个服务进行评估整理，跟进服务对象的后续发展。后期服务阶段始于6月初，各个层面的服务已经开展完毕，开始服务结束之后的评估工作，用时1个月。在发展的逻辑下进行评估跟进，主要包括服务过程评估、服务效果评估、服务满意度评估、社会宣传与倡导四个方面。

1. 服务过程评估

在服务过程中，社会工作者需要进行过程评估以了解服务的效果，并收集服务对象的意见和建议，必要时及时调整服务方案。第一，社会工作者通过记录每次活动家长们的到场参与率和发言积极性，邀请家长填写活动反馈表，并结合社会工作者的观察，评估每次活动的效果；第二，在每次服务结束后，社会工作者向督导及时汇报服务情况，并和组内成员进行讨论，完善服务的内容和技巧；第三，督导每周召开一次线上会议，针对服务的相关情况提出自己的建议，并邀请组内成员之间互相评价反馈，为之后服务的开展提供借鉴。

2. 服务效果评估

社会工作团队秉持循证研究的思路，以定量和定性相结合的方法对服务效果进行评估。首先，以问卷和量表为测量工具，对服务对象进行前测和后测，对前后数据进行对比分析，评估自闭症家庭的增能效果；其次，以家庭为单位对服务对象进行访谈，了解家庭中的孩子、母亲和整体家庭是否产生变化，发生怎样的改变，以评估社会工作服务是否有效。

3. 服务满意度评估

在服务结束后，发放满意度调查表，收集家长们的意见和建议，以评估服务是否有效帮助服务对象、社会工作者的行为是否符合服务对象的要求等，为之后的跟进随访提供依据，保证服务对象社会功能的康复。

4. 社会宣传与倡导

社会工作团队在开展服务的同时，面向服务对象和社会大众开展活动宣传和社会倡导。疫情期间，项目采用线上方式，通过华中科技大学星希望团队的微信公众号进行宣传推广，不仅得到了所在单位的支持，被华中科技大学社会学院官方微信和华中科技大学新闻网特别报道，而且获得了服务对象的认可，被美好家园、武汉市残联、湖北省残联等公众号转载倡导，更是受到了社会工作同人的肯定，被具有较强专业影响力的“社工观察”微信公众号推送报道。

五、服务效果

项目总共为37个自闭症孩子及其家庭进行了线上服务，疫情期间有效帮助孩子开展线上康复，针对家长进行心理支援，协助家庭建立互助网络，服务对象对此项社会工作服务的反馈满意度高达98%，多次向服务团队表达了欢迎和感谢。服务结束之后，社会工作者坚持证据为本，运用定量和定性调查方法，结合服务过程中的资料，从目标的达成情况、服务对象的改变、效果的可持续性三个方面对服务效果进行了评估。

（一）目标的达成情况

本项目综合运用叙事治疗、家庭抗逆力和影像发声等专业方法，从个人、家庭和社会多层次进行干预。首先，服务回应了自闭症家庭对居家康复训练知识的需求，通过居家康复训练营和影像发声小组等提升了自闭症家庭中家长关于子女养育的知识和技能；其次，在心理个案访谈中，通过叙说对家长的生命进行重构，呈现了家长的心路历程和社会资源，解构出家庭抗逆力，帮助家庭挖掘了自身优势与资源，能够感受到家庭将更加积极地面对逆境，有效缓解疫情中的心理压力；最后，在小组服务结束后，依据家长们分享的经验，编写了10万字的《影像发声故事集》，帮助家长们回顾和巩固项目的效果，鼓励家长们为自闭症群体发声，构建彼此支持的互助网络。

（二）服务对象的改变

第一，项目极大地发掘了自闭症家庭的潜能，服务对象由原先的消极对待生活、家庭沟通单一、主体意识缺乏，转向之后的乐观面对困难、家庭互动增强、主动表达诉求。

第二，疫情期间的线上服务鼓励家长们积极分享疫情中照顾孩子的经验，促进家长们进行相互帮助，形成了家庭之间守望相助的精神。

第三，项目还发掘出优秀的家长领袖，推动了自闭症家庭之间支持网络的形成。

（三）效果的可持续性

项目实现了既定的服务目标，促进了服务对象的改变，产生了较好的效果。在可持续性上，一方面，服务对象接下来可以通过《影像发声故事集》回顾服务的内容，巩固项目的效果；同时，在已经建构的家庭支持网络中，可以寻求其他家庭支援来满足自己的需求。另一方面，服务过程中收集到的关于自闭症孩子、母亲、家庭等方面的信息和需求，将为今后的服务提供借鉴和指导。此外，项目的可复制性较强，可以进行推广，为更多的自闭症家庭进行服务。

六、专业反思

在社会工作服务和效果评估的基础上，星希望社会工作团队对此次项目进行了专业反思。首先，从社会工作服务的视角出发，分析了此项服务的经验与不足；其次，根据疫情期间的特点，总结了特殊时期社会工作服务的重点与难点；最后，针对自闭症家庭这一特殊群体，探讨了服务的特殊性和持续性。

（一）社会工作服务的经验与不足

1. 社会工作服务的经验所在

第一，服务内容符合自闭症家庭疫情期间的迫切需要。身处武汉疫区的自闭症家庭面临巨大的危机，康复训练和心理支援是他们迫切的需求。因此，社会工作团队秉持“在生活中康复，在康复中生活”的理念，运用专业的理论和方法，及时开展社会工作服务，有效改善了自闭症家庭所处的困境。

第二，服务实施遵循了社会工作的专业步骤和严格要求。社会工作团队制订了完善的项目计划，将服务过程分为三个步骤，分别是服务前期准备、服务中期实施、服务后期评估；在服务期间，社会工作团队定期召开线上督导会议，对工作进行阶段性的总结与反思，合理调整服务方案，不断改进服务质量；社会工作团队有着清晰的目标定位，成员之间氛围和谐，互相鼓励与支持。

第三，服务团队整合了各类专业人士和社会资源。华中科技大学星希望社会工作服务团队多年来致力于帮扶自闭症患者及其家庭，具备为这类特殊人群服务的丰富经验；此次服务的团队成员是来自华中科技大学社会工作专业的教师和学生，拥有专业的社会工作资质，为服务的专业性与科学性提供了保证；项目的合作机构是武汉市美好家园心智障碍人士家庭支援服务中心，其具备专业的康复资质，并且与众多自闭症家庭建立了多年的良好服务关系；疫情期间各种公益力量齐聚武汉，都在为武汉战疫贡献自己的一份力量，服务团队与公益组织合作，为身为特殊群体的自闭症家庭争取更多的社会资源；服务团队发挥自身高校组织的身份特点，联络湖北省和武汉市的各级残联，为自闭症群体发声，倡导建立此类特殊家庭救助体系。

2. 社会工作服务的不足之处

第一，线上服务互动性不足，社会工作观察难以展开。由于疫情的影响，社会工作者无法在线下面对面进行服务，在一定程度上影响了服务团队与服务对象之间的互动；因为线上服务的特殊形式，无法将活动成员聚集起来，社会工作者也无法对服务对象的表情、动作等进行仔细的观察，一定程度上为判断服务对象的感受和社会工作服务的效果带来挑战。

第二，活动协调难度加大，服务对象投入程度有差异。线上服务是疫情时期的创新工作方式，但是也会加大工作协调难度，工作计划的制订、对工作的总结与反思等都需要团队共同进行，有时因时间难以统一、网络条件所限等原因导致线上会议延期，对服务进度产生一定影响；有些自闭症儿童家长因工作繁忙、网络不畅等原因无法全程参与到服务中，不同家庭之间的投入程度有差异，对服务预期目标也产生一定影响。

（二）疫情期间服务的重点与难点

1. 服务主题的确定

疫情期间自闭症儿童及其家庭状况有别于平日，如何明确社会工作服务的内容，确保专业服务的效果，是本项目的重点和难点之一。为此，服务团队通过问卷调查和家庭访谈了解自闭症家庭线上康复的需求，以此为核心设计服务内容；同时将服务团队分成小组开展不同主题的服务，对服务对象进行精准帮扶。

2. 服务模式的创新

线上服务是疫情下的创新模式，如何提高服务对象的参与度，增加服务双方的互动性，亦是本项目的重点和难点。因此，服务团队一方面努力增加社会工作服务的专业性，根据服务对象的反馈，灵活调整服务方案；另一方面积极与服务对象互动，找到自闭症家庭感兴趣的话题，力图营造良好的服务氛围。

（三）自闭症家庭服务的特殊性和持续性

在为自闭症家庭服务的过程中，我们发现这些家庭的韧性非常强，坚持不懈地陪伴孩子进行居家训练，但是他们面临的处境也是特别艰难的。大龄自闭症群体缺乏政策支持和社会关怀，家庭几乎承担了经济、抚养、照顾、康复等所有任务，对于孩子未来的安置问题仍没有较好的解决方案。这些困境给自闭症家庭带来的精神压力，在疫情期间更加突出。

因此，项目后续会以每个家庭为对象，进行个案管理，个性化评估孩子及其家庭的需求，对每个家庭进行精准帮扶和跟进服务；与此同时，根据此项服务的资料，编辑家庭故事集，讲述每个家庭的故事，提升家庭的自我效能感，唤起社会各界的广泛关注；除此之外，团队还将撰写调研报告，倡导完善大龄自闭症群体的帮扶政策，建立系统的自闭症群体支持体系。

Psychological Support for Autistic Families：A Case Study of Social Work Service in Wuhan during the COVID-19

Li Na,Yuan Yi

Abstract：During the COVID-19,quarantine at home interrupted the rehabilitation training of autistic children and brought serious emotional distress and potential behavioral risks to these special children and their families. Therefore, "Star Hope",the social worker association of Huazhong University of Science and Technology,carried out the "Psychological Support for Autistic Families" project to provide professional social work service. Through establishing the online training camps to provide rehabilitation guidance,the social work team helped autistic children to restart their rehabilitation training. With family resilience as the theme,psychological interviews were conducted for parents to assist them in psychological adjustment,rebuild family confidence and strength in children's rehabilitation,and promote benign interaction between parents and children. By using photo-voice method,a group support network was established for these special families to build the family community with sense of security and belonging,so as to inspire positive energy for the families to free from difficulties together.

Keywords：Autistic Family,Psychological Support,Family Resilience